中职生文明礼仪养

# 学生
# 文明礼仪常识

*Xuesheng Wenming Liyi Changshi*

主编　魏丽平　邓利

主审　陈熙华

西南财经大学出版社
Southwestern University of Finance & Economics Press

**图书在版编目(CIP)数据**

学生文明礼仪常识/魏丽平,邓利主编.—成都:西南财经大学出版社,2013.1(2013.9 重印)

ISBN 978 - 7 - 5504 - 0917 - 0

Ⅰ.①学…  Ⅱ.①魏…②邓…  Ⅲ.①礼仪—中等专业学校—教材  Ⅳ.①K819.26

中国版本图书馆 CIP 数据核字(2012)第 299576 号

**学生文明礼仪常识**

主编　魏丽平　邓　利
主审　陈熙华


责任编辑:冯　梅
助理编辑:林　伶
装帧设计:杨红鹰
责任印制:封俊川

| | |
|---|---|
| 出版发行 | 西南财经大学出版社(四川省成都市光华村街55号) |
| 网　址 | http://www.bookcj.com |
| 电子邮件 | bookcj@foxmail.com |
| 邮政编码 | 610074 |
| 电　话 | 028 - 87353785　87352368 |
| 印　刷 | 四川森林印务有限责任公司 |
| 成品尺寸 | 185mm×260mm |
| 印　张 | 14 |
| 字　数 | 245 千字 |
| 版　次 | 2013 年 1 月第 1 版 |
| 印　次 | 2013 年 9 月第 2 次印刷 |
| 印　数 | 5001— 8000 册 |
| 书　号 | ISBN 978 - 7 - 5504 - 0917 - 0 |
| 定　价 | 29.80 元 |

# 前言

明礼，乃做人之根本。古代学者颜之说："国尚礼则昌，家尚礼则大，身有礼则修，心有礼则泰。"礼仪是道德的示范，是行为的准则，是交往的枢纽，是文明的标志。在新形势下，礼仪教育是立德树人新的生长点。行为日久成习惯，习惯日久成性格，性格日久定命运。

学校教育在一定程度上是以习惯影响习惯，以智慧点燃智慧。师生要重视气质美，学会用文明礼仪装点自己。党的十八大报告明确指出："把立德树人作为教育工作者的根本任务，培养德智体美全面发展的社会主义建设者和接班人。"这是从全局和战略的高度对教育工作提出的明确要求。学生不仅是学习知识的认知体，更是有血有肉的生命体。处于在中职学校学习这个阶段的学生，身心发展迅速又极具可塑性，教育工作者应当紧紧把握住这个有利的施教时期，博学于文，约之以礼，促进学生的全面发展和健康成长。所以，德育为首、育人为本就必须成为教育工作者的价值追求；以人为本、立德树人就要作为职业教育的重大任务。

学生进入学校，就意味着把生命中最宝贵、最有意义的一段青春时光交给了学校和教师。我们要以尊重生命、关注生命、促进生命健康发展为己任。通过合适的教育方式来发展人、改造人、塑造人。学校要培养学生社会交往、文明礼仪等各方面的能力。从而规范人、要求人、提高人，最终培养出自我上进、自强奋斗、知书达礼、勇于担当的公民。

为此，我们在各级领导的高度重视和指导下，专门为中等职业学校编著一本文明礼仪养成教育课专用教材的想法被付诸行动。本教材最先作为原泸州财经学校（现泸州市职业技术学校）校本教材进行了全校推广，试用5年来，受到广大师生一致好评。经教学实践摸索，现对有的章节进一步补充和调整，使其更加完善。

本书旨在为中等职业技术学校文明礼仪养成教育提供一本专用教程，编者着重从学生进校起讲解要遵循的校园礼仪，在家要尊重的家庭礼仪,作为社会人要知晓的社交礼仪,直至毕业后走进职场要掌握的职场礼仪等,使学生掌握必要的基本礼仪规则、社会交往法则,提高交往能力与职场竞争力。同时,本书亦可作为社会各界人士学习礼仪知识的参阅读本和培训用书,为希望提升职业人士个人形象,以及塑造单位形象、品牌的朋友尽一点微薄之力,也为巩固中国自古以来素有的"礼仪之邦"之美称,作一点力所能及的贡献。

本书编写的突出特点是:

一、学校特色浓厚,注重实用性。主要针对在校中职生从进校到毕业走上工作岗位的过程中,作为学生、社会人、职业人应遵守的最基本的礼仪规则。

二、语言简洁、流畅,可读性较强。为了便于读者把此书作为课堂教学、礼仪培训、个人参阅之用,编者尽量力求语言简洁、流畅。同时,为增加可读性,书中增加了一些有关礼仪的小知识、小故事作为延伸阅读和养成好习惯内容。

三、插图说明,生动形象。本书插图丰富,均是组织在校师生进行拍摄,都是同学们熟悉的学习生活环境,学习起来感到更亲切、自然,在每一章的重点和平时容易出错的礼仪细节上,用插图进行正、反对比说明,给人印象深刻,也便于学生进行对照练习。

四、版式别致,装帧讲究。本书无论是封面、印刷,还是版式、内文,都经过精心设计,极为考究。全书均采用全彩印制,色彩活泼,内文样式新颖。学生阅读起来就像浏览漫画书一样轻松、愉快,一改纯文字读物的枯燥感。

五、配套光盘,制作精美。全书制作了精品多媒体电子课件,文字、音效、视频、图片等多种形式交互使用、内容全面丰富,为教师教学提供了方便、快捷的授课一手资料。

全书由泸州市职业技术学校陈熙华校长提出设计大纲和整体构思,陈飞副校长主持召开教材编撰论证会议,魏丽平、邓利两位老师担任主编。其中,魏丽平老师负责全书统稿,并全面主持编写工作,陈熙华校长负责最后的审定。本书在编写过程中,得到了泸州市教育局、泸州市教科所、泸州多所职业院校及西南财经大学出版社众多领导、专家的大力支持和帮助,在此一并表示衷心的感谢!

本书在编撰过程中参阅、借鉴了大量的有关礼仪方面的文献和网络资料,由于引用的网络资料甚多,恕不一一列举,在此谨向有关作者表示衷心的感谢!对参与本书图片拍摄的诸位老师和同学的大力支持,也表示衷心的谢意!由于作者水平有限,书中难免有偏颇、疏漏之处,敬请专家和广大读者赐教,以便再版修订完善。

魏丽平

二〇一三年一月四日

# 目录
## CONTENTS

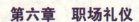

# 第一章

# 礼仪概述

*liyi gaishu*

## 张良拜师

张良年轻时只是一名很普通的青年。一天，他漫步来到一座桥上，对面走过来一个衣衫破旧的老头。那老头走到张良身边时，忽然脱下脚上的破鞋子丢到桥下，还对张良说："去，把鞋给我捡回来！"张良当时感到很奇怪又很生气。可是他又看到老头年岁很大，便只好忍着气下桥给老头捡回了鞋子。谁知这老头得寸进尺，竟然让他把鞋给自己穿上，尽管张良已很有些生气，但他想了想，还是决定干脆帮忙就帮到底，帮老头将鞋子穿上了。

老头穿好鞋，扬长而去。张良看着老头的背影，正在纳闷，忽见老头转身又回来了，说："小伙子，我看你有深造的价值。这样吧，5天后的早上，你到这儿来等我。"张良深感玄妙，就诚恳地跪拜说："谢谢老先生，愿听先生指教。"

第5天一大早，张良就来到桥头，只见老头已经先在桥头等候。他见到张良，很生气地责备道："同老年人约会怎么能迟到，这像什么话呢？"说完他就起身走了。走出几步，又回头对张良说："过5天早上再会吧。"

张良惭愧不已。又过了5天，还不到半夜，张良就摸黑赶到桥头。过了一会儿，老头来了，见张良早已在桥头等候，他满脸高兴地说："就应该这样啊！"然后，老头从怀中掏出一本书来，交给张良说："读了这部书，就可以帮助君王治国平天下了。"说完，老头飘然而去。

等到天亮，张良打开手中的书，他惊奇地发现自己得到的是早已失传的《太公兵法》，张良惊异不已。

从此，张良捧着《太公兵法》日夜攻读，勤奋钻研。后来真的成了大军事家，做了刘邦的得力助手。

## ▶ 礼仪的起源与发展

中国是个历史悠久的文明古国，几千年来它创造了灿烂的文化，形成了高尚的道德准则、完整的礼仪规范，被世人称为"文明古国，礼仪之邦"。自中华民族的历史掀开第一页的时候，礼仪就伴随着人的活动，伴随着原始宗教而产生了。

# 礼仪的起源

中国是世界公认的文明古国之一，也是人类文明的发源地之一。中国自古以来都崇尚礼仪，而且素有"礼仪之邦"的美称。那么，礼仪研究起源于何时？人们一直都在进行种种论述和探讨。

**延伸阅读**

按西方的观点，礼仪一词源于法语的"ETIGUETTE"，原意是"法庭上的通行证"。古代法国为了保证活动中的秩序，将印有法庭纪律的通行证发给进入法庭的每一个人，作为遵守的规矩和行为准则，后来这一词语进入英文，演变成为"礼仪"的含义，成为人们交往中应遵循的规矩和准则。

关于礼仪的起源，说法不一。归纳起来，大体有五种礼仪起源说：

### （一）天神生礼说

这是人们还没有认识到礼仪的真正起源时的一种信仰说教，是神崇拜的反映，代表了人类对原始礼仪的一种认识。《左传》有言："礼以顺天，天之道也。"意思是说，礼是用来顺乎天意的，而顺乎天意的礼就合乎"天道"。"天神生礼说"虽然不科学，但却反映了礼仪起源的某些历史现象。

### （二）礼是天地人统一的体现说

这种观点是春秋以后兴起的一股思潮。它认为，天地与人既有制约关系

和统一性，又具有高于人事的主宰性。把礼引进到人际关系中来讨论，比单纯的"天神生礼说"有了很大进步，但仍没有摆脱原始信仰，所以仍是不科学的。

### （三）礼起源于人性说

这是儒家的创见，儒家学派把礼和人性结合起来，以为礼起源于人的天性。孔子以仁释礼，一方面把"礼"作为处理人际关系的总则，另一方面把"仁"当作"礼"的心理依据。克己以爱人，就是"仁"；用仁爱之心正确而恰当地处理好人际关系，就是"礼"。

### （四）礼是人性和环境矛盾的产物

这一学说的目的，在于解决人和环境的矛盾。孔子"克己复礼"的观点，就是看到了人和环境的矛盾，而解决这种矛盾的方法是"克己"。人的好恶欲望如不加以节制，什么坏事都干得出来，于是圣人制礼，节制贪欲。

### （五）礼生于理，起于俗说

这是对礼仪起源的更深入地探讨。理，是指事物的必然性的道理。人们为了正常生存和发展，根据面临的生存条件，制定出合乎人类生存发展必然性和道理的行为规范，就是"礼"。"礼"是理性认识的结果。事物的礼落到实处，使之与世故习俗相关，所以又有了礼起源于俗的说法。荀子说："礼以顺民心为本，顺人心者皆礼也。"从理和俗上说明礼的起源。

根据上述种种说法，可以认为，"礼"先于"仪"，有了"礼"这个道德规范，才用"仪"这种形式去表现。"礼"与"仪"常常密不可分。礼仪与部落群居的形成过程同步产生，并随着社会组成形式和国家制度的变化而变化，随着人类社会生活的发展而逐步完善起来。

**延伸阅读**

在中国古代，人们对伏羲氏和神农氏崇敬，是因为他们在与自然界的斗争中，教会人们种植农作物；对大禹的崇敬，也是因为他为百姓治水；对尧、舜的崇敬，则是因为他们率领人们与自然界斗争并且形成了人类最初的"社会秩序"。

# 礼仪的发展

## （一）礼仪的形成阶段（约公元前21世纪至公元前771年）

这一阶段主要是指夏商周时期。从史料上看，夏代已开始制礼，商代礼仪已渗透到社会生活中的各个方面，到了周代，制定了更详尽的礼法，出现了"三礼"的称谓，即《周礼》、《仪礼》、《礼记》。

《周礼》搜集了周王朝及各诸侯国的官制及制度，以儒家的政治理想加以增减取舍汇编而成。《仪礼》的内容主要是冠、昏、丧、祭、朝、聘等典礼的详细仪式，阐述了春秋战国时期士大夫阶层的礼仪，提倡一种有等差的人伦礼仪。《礼记》的内容主要是记载和论述先秦的礼制、礼意，记录孔子和弟子等的问答，记述修身做人的准则，是一部儒家思想的资料汇编。

> **延伸阅读**
>
> 在这一阶段中，礼的内容主要体现在《周礼》中的"王礼"部分。所谓"王礼"是指：祭祀之事为"吉礼"，冠婚之事为"嘉礼"，宾客之事为"宾礼"，军旅之事为"军礼"，丧葬之事为"凶礼"。

"三礼"是我国古代政治制度的三部儒家经典，是中国古代礼仪制度的蓝本和百科全书，是我国最早、最重要的礼仪论著，标志着礼仪已经达到了系统完备阶段。在这一时期，礼仪的特征已从单纯祭祀天地、鬼神、祖先的形式，跨入了全面制约人们行为的领域。这些礼仪内容，对后世人们的行为规范、人际交往以及社会公德的形成，都产生了极大的影响。

## （二）封建礼仪阶段（公元前771年至1911年）

这一阶段主要是指从儒学的产生，到以儒学为基础的封建礼仪形成、强化和衰落时期，以孔子为祖师的儒家学派逐步形成。这一时期，礼仪成为儒家学派的核心——"礼教"。在这一时期，礼仪的明显特征，就是把人们的行为纳入封建道德的轨道，把人们教化成"非礼勿视，非礼勿听，非礼勿言，非礼勿动"的精神奴隶。礼教文化是这个时期"礼"的核心和基本内容。

### （三）近代礼仪阶段（1911年至1948年）

辛亥革命的胜利，结束了统治中国2000多年的封建专制制度。新的礼仪礼俗也就随之出现，这一时期的礼仪，体现了近代自由、平等的原则。因此，资产阶级的平等思想、文化习俗和审美观点开始渗透到社会生活中的各个方面，冲击了森严的封建意识和等级观念，对当今中国社交礼仪产生了重大影响。

### （四）当代礼仪阶段（1949年以来）

新中国成立后，新型的社会关系和人际关系的确立，标志着我国礼仪进入了一个新的历史时期。这一时期，确立了同志式的合作互助关系和男女平等的新型社会关系，而尊老爱幼、讲究信义、以诚待人、先人后己、礼尚往来等中国传统礼仪中的精华则得到继承和发扬。

测一测

试论述礼仪的起源与发展历程。

## ▶ 礼仪的内涵

> 礼仪，作为在人类历史发展中逐渐形成并积淀下来的一种文化，始终以某种精神的约束力支配着每个人的行为，从一个人对它的适应和掌握的程度，可以看出他的文明与教养程度。因此，礼仪是人类文明进步的重要标志。

# 礼仪的定义

在汉语里，最早的"礼"和"仪"是分开使用的。在古代典籍中，"礼"、"仪"的含义为：

1. "礼"的含义

（1）礼物，如送礼、礼品。

（2）表示敬意的通称，如敬礼、礼貌。

（3）为表示敬意或隆重而举行的仪式，如婚礼、丧礼、典礼。

（4）泛指社会生活中的某种社会规范和道德规范，如"齐之以礼"；朱熹语曰："礼，谓制度品节也。"

**延伸阅读**

民俗界认为礼仪包括生、冠、婚、丧四种人生礼仪。实际上礼仪可分为政治与生活两大部类。政治类包括祭天、祭地、宗庙之祭、祭先师先圣、尊师乡饮酒礼、相见礼、军礼等。生活类礼仪按荀子的说法有"三本"，即"天地生之本"，"先祖者类之本"，"君师者治之本"。礼仪的本质是治人之道，是鬼神信仰的派生物。直到现代，礼仪才得到真正地改革，无论是国家政治生活的礼仪，还是人民生活礼仪都改变成无鬼神论的新内容，从而成为现代文明礼仪。

2. "仪"的含义

（1）指人的外表，如仪表、仪态。

（2）指形式、仪式，如仪式、司仪。

（3）指典范、表率，如"上者，下之仪也"、礼仪小姐。

（4）指礼物，如贺仪、谢仪。

将"礼"和"仪"连用始于《诗经·小雅·楚茨》："为宾为客，献酬交错，礼仪卒度。"

礼仪是在人际交往中，以一定的、约定俗成的程序方式来表现的律己敬人的过程，涉及穿着、交往、沟通、情商等内容。从个人修养的角度来看，礼仪可以说是一个人内在修养和素质的外在表现；从交际的角度来看，礼仪可以说是人际交往中适用的一种艺术、一种交际方式或交际方法，是人际交往中约定俗成的示人以尊重、友好的习惯做法。从传播的角度来看，礼仪可以说是在人际交往中进行相互沟通的技巧。

# 礼仪的基本要素和内容

## （一）构成礼仪的基本要素

礼仪是由礼仪的主体、客体、媒体、环境等四项基本要素所构成的。

1. 礼仪的主体

礼仪的主体指的是礼仪活动的操作者和实施者。它既可以是个人，也可以是组织。

2. 礼仪的客体

礼仪的客体指的是礼仪活动的指向者和承受者。它既可以是人，也可以是物；可以是物质的，也可以是精神的；可以是具体的，也可以是抽象的；可以是有形的，也可以是无形的。

3. 礼仪的媒体

礼仪的媒体指的是礼仪活动所依托的一定的媒介，有人体礼仪媒体、物体礼仪媒体、事体礼仪媒体等构成。在具体操作礼仪时，这些不同的礼仪媒体往往是交叉、配合使用的。

4. 礼仪的环境

礼仪的环境指的是礼仪活动特定的时空条件，有自然环境与社会环境。礼仪的环境，经常决定着礼仪的实施。不仅实施何种礼仪由其决定，而且具体礼仪的实施方法也由其决定。

### （二）礼仪的基本内容

依据其适用对象、适用范围的不同，礼仪包括以下基本内容：

1. 一般礼仪

一般礼仪包括礼仪的本质、特性、礼仪的起源和历史演变、礼仪的功能和原则等。

2. 礼仪修养

礼仪修养主要涉及礼仪修养的本质、意义、特征和方法等问题。

3. 个人礼仪

个人礼仪主要包括言谈、举止、服饰等方面的礼仪要求。

4. 家庭礼仪

礼仪在家庭及亲友交往范围内的运用为家庭礼仪，它包括家庭称谓、问候、祝贺与庆贺、赠礼、家宴及家庭应酬等礼仪规范。

5. 社交礼仪

从家庭走向社会，进行社会交往，是礼仪行为向大社会的扩展。社交礼仪通常包括见面与介绍的礼仪、拜访与接待的礼仪、交谈与交往的礼仪、宴请与馈赠的礼仪、舞会与沙龙的礼仪、社交禁忌等。

6. 公务礼仪

公务礼仪是人们在公务活动过程中应遵循的礼仪规范，它存在着自身的特殊性。在礼仪的一般原则指导下，把握公务活动过程中的特殊礼仪规范，可以提高公务活动的效率和成功率。公务礼仪通常包括工作礼仪（如工作汇报、办公室礼仪等）、会议礼仪、公文礼仪、公务迎送礼仪等。

7. 礼仪文书

礼仪文书是人们在日常交往过程中，用书信和其他文字方式表达情感的礼仪形式，通过礼仪文书，可以达到彼此交流思想、互通信息、加深友谊的目的。常用的礼仪文书有：礼仪书信（如邀请信、贺信、感谢信等）、礼仪电报、请柬、名片、贺年片、题词、讣告、唁电、碑文等。

8. 商务礼仪

商务礼仪与一般的人际交往礼仪不同，它体现在商品活动的各个环节之中。对于商业企业来说，从商品采购到销售，从商品销售到售后服务等，

每一个环节都与本企业的形象息息相关。因此，商业企业及其每一个成员，如果能够时时按照商务礼仪的要求去开展工作，这对塑造商业企业的良好形象，促进商品销售，将会起到极其重要的作用。商务礼仪主要包括柜台待客礼仪、商务洽谈礼仪、推销礼仪、商业仪式等。

9. 习俗礼仪

不同的国家、不同的民族存在着不同的风俗习惯，充分了解这些风俗习惯，并在社交往来中自觉尊重这些风俗习惯，有助于促进交往的成功。习俗礼仪的内容主要包括日常生活礼俗、岁时节令礼俗等。

### （三）礼仪的特性及原则

1. 礼仪的特性

（1）规范性

礼仪是一种规范。礼仪规范的形成，是对人们在社会交往实践中所形成的一定礼仪关系的概括和反映。也就是说，礼仪是人们在长期反复的生活实践中形成并通过某种风俗、习惯和传统方式固定下来的，通过一定社会的思想家们集中概括出来，见之于人们的生活实践，形成人们普遍遵循的行为准则。这些行为准则，不断地支配或控制着人们的交往行为。规范性是礼仪的一个极为重要的特性。

（2）多样性

礼仪与每一个人都有着密切的联系，它涉及不同的生活、学习和工作领域。同时，不同的个人，在其生活、学习和工作的特定领域里又有特定的礼仪要求。因此，不管是在内容上，还是在形式上，礼仪都是丰富多样的。

**延伸阅读**

　　李鸿章曾应俾斯麦之邀前往赴宴，由于不懂西餐礼仪，把一碗吃水果洗手的水喝了。当时俾斯麦不了解中国的虚实，为了不使李鸿章丢丑，他也将洗手水一饮而尽，见此情景，其他文武百官只能忍笑奉陪。这个事例说明了在不同的场合，需要不同的礼仪，礼仪存在于各种场合！

（3）继承性

礼仪是一个国家、民族传统文化的重要组成部分。每一个民族的礼仪文化，都是在本民族固有传统文化的基础上，通过不断吸收其他民族的礼仪文化而发展起来的。

（4）差异性

礼仪作为一种行为准则和规范是约定俗成的，这是民族礼仪文化的一个共性。但是对于礼仪的具体运用，则会因现实条件的不同而呈现差异性。这主要表现在：同一礼仪形式常常会因时间、地点的不同而使其意义出现差异。

礼仪的差异性，还表现为同一礼仪形式在不同场合，针对不同对象会有细微差别。如同样是握手，男女之间力度就应不同，新老朋友之间亦应有差别。同样是打招呼，不同地区、不同民族也不同。

（5）社会性

礼仪这种文化形态，有着广泛的社会性。礼仪贯穿于整个人类的始终，遍及社会的各个领域，渗透到各种社会关系之中，只要有人和人的关系存在，就会有作为人的行为准则和规范的礼仪的存在。

（6）应用性

礼仪具有很强的实用性和可操作性。从某种意义上来说，它实际就是有关交际艺术的科学。

（7）实践性

与纯粹的理论演绎、概念探讨、逻辑抽象显然不同，礼仪来源于社会实践，并直接服务于社会实践。

（8）普及性

在现实生活中，每个人都必须参加交际活动，每个人都希望自己的交际活动取得成功，而礼仪正是一门可将交际活动导向成功的学科。因此礼仪是一门人人必修的普及性学科。

（9）综合性

礼仪是一门专门研究人的交际行为规范的科学，这是它有别于其他学科的标志。但在另一方面，它又广泛吸收了其他许多学科的成果，用以充实和完善自身。在这个意义上，又可将它视为一门综合性学科。

（10）限定性

礼仪主要适用于交际场合，适用于普通情况之下一般的人际交往与应酬。在这个特点范围之内，礼仪肯定行之有效。离开了这个特定的范围，礼仪则未必适用，这就是礼仪的限定性特点。必须明确的是，当所处场合、所具有的身份不同时，所要应用的礼仪往往会因此而各有不同，有时甚至还会差异很大。一般而论，适合应用礼仪的，主要是初次交往、因公交往、对外交往等三种交际场合。

（11）可操作性

切实有效、实用可行、规则简明、易学易会、便于操作，是礼仪的几大特征。礼仪既有总体上的原则、规范，又在具体的细节上以一系列的方式、

方法，仔细周详地对原则、规范加以贯彻，使其被人们广泛地运用于实践，并受到广大公众的认可。

（12）变动性

礼仪是一种社会历史发展的产物，并具有鲜明的时代特点。一方面它是在人类的交际活动实践之中形成、发展、完善起来的；另一方面，因社会的发展与历史的进步，由此而引发的众多社交活动的新特点、新问题的出现，又要求礼仪有所变化，这就使礼仪具有相对的变动性。

2. 礼仪的原则

（1）遵守的原则

在交际应酬之中，每一位参与者都必须自觉、自愿地遵守礼仪，用礼仪去规范自己在交际活动中的言行举止。任何人，不论身体高低、职位大小、财富多寡，都有自觉遵守、应用礼仪的义务，否则，就会受到公众的斥责。

（2）自律的原则

礼仪规范由对待个人的要求与对待他人的做法两大部分构成。对待个人的要求，是礼仪的基础和出发点。学习和应用礼仪，最重要的就是自我要求、自我约束、自我控制、自我对照、自我反省、自我检点。

（3）敬人的原则

在礼仪的两大构成部分中，有关对待他人的做法这一部分，比对待个人的要求更为重要，这一部分实际上是礼仪的重点和核心。而对待他人的诸多做法之中最紧要的一条，就是要敬人之心长存，处处不可失敬于人，不可伤害他人的个人尊严，更不能侮辱对方的人格。掌握了这一点，就等于掌握了礼仪的灵魂。

（4）宽容的原则

要求人们在人际交往中运用礼仪时，既要严于律己，更要宽以待人。要多容忍他人、多体谅他人、多理解他人，千万不要求全责备、斤斤计较、过分苛刻、咄咄逼人。

**延伸阅读**

北京公交车售票员李素丽是单位的"五一劳动模范"，被评为"服务标兵"。有一次，她看到一个年轻人随口在车上吐了一口痰，就上前礼貌地提醒他，并请他将痰迹擦掉。可这个青年横了她一眼，没有动，说了句："你管那么宽做什么？"李素丽没有生气，她蹲下身，掏出纸巾将地上的痰迹擦掉。她的宽容赢得了乘客的夸奖，这位年轻人最后下车时脸红着对她说："大姐，对不起，今后我一定改掉这个毛病。"

（5）平等的原则

在礼仪的核心点，即尊重交往对象、以礼相待这一点上，对任何交往对象都必须一视同仁，给予同等程度的礼遇。不允许因为交往对象彼此之间在年龄、性别、种族、文化、职业、身份、地位、财富以及与自己关系亲疏远近等方面有所不同，厚此薄彼，区别对待，给予不同待遇。但允许根据不同的交往对象，采取不同的具体方法。

**延伸阅读**

一天，列宁去理发室，看到排队的人比较多，就自觉到队伍的末尾排队。一位理发员认出了他，就同大家商议道："同志们！这是列宁同志。他日理万机，能否请他先理？"大家没有异议。但列宁马上站出来制止，说："不行！还是按照先后顺序。我的时间宝贵，别人的时间就不宝贵吗？我先理了，别人就要多等了。谢谢大家！"

（6）从俗的原则

由于国情、民族、文化背景的不同，必须坚持入乡随俗，与绝大多数人的习惯做法保持一致，切勿目中无人、自以为是。

（7）真诚的原则

在人际交往中运用礼仪时，务必诚实无欺、言行一致、表里如一。只有如此，自己在运用礼仪时所表现出来的对交往对象的尊敬与友好，才会更好地被对方理解并接受。

（8）适度的原则

这要求在应用礼仪时，为了保证取得成效，必须注意技巧及其规范，特别要注意做到把握分寸、认真得体。当然，运用礼仪要真正做到恰到好处、恰如其分，只有勤学多练并积极实践。

**（四）礼仪的误区**

现实生活中，人们了解和运用礼仪时常常会出现一些偏颇的观点。比如"礼仪是表现形式"、"礼仪是虚伪的东西"、"礼仪是怯弱的表现"、"是阿谀奉承"、"拍马屁"等。要正确对待这些观点，要求我们必须对以下几个问题有清楚的认识。

1. 礼仪不是形式，而是心灵的外衣

人与人的相互观察和了解，一般都是从礼节礼貌开始的。具备良好礼仪的人，在大多场合下要比那些不具备者受欢迎得多。礼仪并非仅仅是一种形式，而是和思想意识密切联系着的，它以思想为基础，以真诚为原则。

**延伸阅读**

英国著名哲学家弗兰西斯·培根说："行为举止是心灵的外衣。"我国有古语："诚于中而行于外"，即只有心"诚"才可能表现在行动上讲礼貌，才可以一丝不苟地按照行为准则行事。比如见到人便微笑，见到女士就让先。但是，仅仅做到这一点的人还不能称之为有教养的文明人，人们的交往准则必须变为大多数人的精神，没有崇高的道德作为基础，礼仪只是华丽的装饰而已。

2. 礼节不是阿谀奉承、溜须拍马、奴颜婢膝

态度温和、富有同情心、不做使他人厌烦或有损他人情感的事，这是一个文明人言行举止的基础，也是同其他民族、不同文化背景的人交往时的言行的基础。但绝不能把善良、和蔼、谦恭与阿谀奉承、溜须拍马、奴颜婢膝相提并论。

3. 礼仪是需要学习的

一个受过良好教育的人，在交际中陷入尴尬困难的境地是常有的事，礼仪本身就包含了人们在社会生活中应予遵循的公德。人们只有不拘泥于表面形式，真正使自己具备这种应有的道德观念，正确的礼仪才能确立。与此同时，礼仪又根植于一定的传统文化沃土之中，只有受过良好教育的人，彬彬有礼才会给人以深刻的印象。因此，以正确的礼仪接人待物是需要学习的。

**测一测**

1. 请你从事一次社交活动，记录礼仪环节，并分析礼仪活动的基本要素。

### 礼仪活动要素分析

活动名称：＿＿＿＿＿＿＿　礼仪名称：＿＿＿＿＿＿＿

活动时间：＿＿＿＿＿＿＿　活动地点：＿＿＿＿＿＿＿

| 礼仪要素 | 要素对象 | 要素作用 | 备注 |
|---|---|---|---|
| 主　体 |  |  |  |
| 客　体 |  |  |  |
| 媒　体 |  |  |  |
| 环　境 |  |  |  |

2. 结合实际，请谈谈自己及身边的人存在哪些礼仪误区？今后应该怎样做？

## ▶ 学习礼仪的重要性

古人有这样的话：穷则独善其身，达则兼济天下。"修身齐家治国平天下"，把修身放在首位。教养体现细节，细节展示形象。礼仪需要学习，以规范自身行为、培养礼仪品质、提高礼仪修养。

## 礼仪有助于维护企业形象，决定事业成败

**延伸阅读**

一位广告设计师做了一个实验，结果发现一个相当有趣的现象，那就是，急驰在高速公路上的驾驶员眼睛从一块广告牌转移到下一块广告牌的时间相隔仅4~6秒钟，就可掌握广告牌所要传达的信息。

同样当你初次与人会面时，会不自觉地立刻去估量对方，把看见对方最初6秒钟的印象输入脑海，并从中尽量抓取可用的信息，以便立刻判断对方究竟是何等人物。素昧平生的人，就是遵循着这般急切的速度，尝试着认识彼此。

1. 礼仪是各项事业发展的关键

职业是人们在社会上谋生、立足的一种手段。讲究礼仪可以帮助人们实现理想、走向成功；可以促进全体员工团结互助、敬业爱岗、诚实守信；可以增强人们的交往和竞争实力，从而推动各项事业的发展。

2. 个人形象代表企业形象，是企业的活体广告

企业形象的好与坏实际就是企业员工素质的高与低，如果企业员工素面朝天上班、面黄唇无色，着装暴露进出办公室，穿着睡衣逛市场、遛弯，西装革履游公园，O型腿、下肢静脉曲张穿短裙，靓妹吐脏言，当面揭人短，用手指指人、用脚指物，点头哈腰，散漫拖拉……这对个人形象有着极大的损害，也阻碍着自己和所在企业的发展。有的人认为这不过是一些小节、细节，无碍大雅。然而，举不胜举的事实证明，就是这些小节，体现出了人的

文明教养程度，这些小细节往往决定了企业的成败。

# 礼仪是个人文化、道德修养的外在表现形式

**延伸阅读**

　　2005年，北京一次调查结果表明：人们对礼仪基本知识的知晓率不足40%。这不得不引起我们的深思和焦虑，自古以来"礼仪之邦"的美称会不会断送在当今的青少年手中。可见，在青少年学生中，深入开展礼仪教育，重塑中华民族"文明礼仪"的新形象，培养文明有礼的新一代，是十分必要和非常重要的。

　　1. 礼仪是个人美好形象的标志，是一个人内在素质和外在形象的具体体现

　　礼仪是个人心理安宁、心灵净化、身心愉悦、个人增强修养的保障，礼仪的核心是倡导人们要修睦向善。当每个人都抱着与人为善的动机为人处事，以文明市民的准则约束自己时，所有的人都会体验到心底坦荡、身心愉悦的心情。孟德斯鸠曾说："礼貌使有礼貌的人喜悦，也使那些受礼貌招待的人喜悦。"一个彬彬有礼、言谈有致的人，就能够更容易地与交际对象打成一片，从而把你当成自己人，乐于接纳和接近你。在其人生道路上也将会如沐春风，受到人们的尊重和赞扬，而且自己本身就是一片春光，给别人、社会带来温暖和欢乐。

　　2. 通过学习礼仪，可以提高自身道德修养和文明程度，更好地显示自身的优雅风度和良好的形象

　　孔夫子曾说过："不学礼，无以立。"就是说一个人要有所成就，就必须从学礼开始。可见，礼仪教育对培养文明有礼、道德高尚的高素质人才有着十分重要的意义。礼仪教育是培养造就成功人士的重要内容，其作用是其他形式不可替代的。礼仪本身作为人际关系的一把特殊钥匙，能够较轻易地打开各种交际活动的大门。

**延伸阅读**

　　大作家塞万提斯说过："礼貌不花钱，却比什么都值钱。"有的礼仪形式看似简单，只不过是一个微笑、一声道谢、一次举手之劳，但这不起眼的表现，却可能成为我们立身处世的法宝。例如，在人才招聘会上，言谈儒雅、服饰得体、仪表端庄、神态大方、礼仪到位的毕业生更能受到用人单位的青睐。

# 礼仪是一个国家、民族文明程度和
# 社会风尚的重要标志

1. 中华民族自古以来就非常崇尚礼仪，号称"礼仪之邦"

著名思想家颜元说："国尚礼则国昌，家尚礼则家大，身尚礼则身修，心尚礼则心泰。"在社会生活中，礼仪对提高道德素质，塑造高尚人格具有十分重要的教育和导向作用，是一条行之有效的途径。要继承弘扬我国优秀的文化传统，加强社会主义精神文明建设，文明礼仪宣传教育是其中重要的一项内容。

2. 礼仪不仅可以培养人们的社会性，同时还是社会生活和交往的需要

（1）人际关系是人们通过交际活动而形成的交际者之间直接的心理关系。

人际关系的和谐离不开一定的情感因素，而这一情感因素的最好表达形式主要就是一种符合规范的礼仪。如果不讲究礼仪，即使你心里很尊重对方，想得到对方的好感，也不一定会给对方留下好的印象。人们常常有意无意地由他人对礼仪的履行程度，以及自己所感受到的礼遇来分析和判断这其中折射出的对方的心态、情感和意向，而后便会产生一定的情绪、体验，增加好感，或者产生排斥，心生不快。讲究礼仪，可以唤起人们的沟通欲望，建立好感和信任，进而形成和谐、良好的人际关系，促进交际的成功。

（2）礼仪是陌生人之间的润滑剂，是熟人之间的奢侈品。

由于人的政治、经济、文化背景不同，性格、职业、年龄、性别等存在差异，交往中往往存在不同的价值取向；由于理想观念、价值观念不同，有时为了维护自身利益，在交流中还难免发生不同程度的矛盾，甚至冲突。礼仪作为社会交往的规范和准则，可以很好地协调人们之间的关系，起到"润滑剂"的作用。

（3）礼仪是家庭美满和睦的根基。

家庭是以婚姻和血缘为纽带的一种社会关系。家庭礼仪可以使夫妻和睦、父慈子孝、家庭幸福。

1. 请谈谈学习礼仪的重要性，在社会交往中，你有哪些体会？

2. 议一议，礼仪的培养为什么要加强道德修养？

## ▶ 中职生学习礼仪的方法

> 通过增强礼仪修养，可以使个人的言行在社会交往活动中，与自己的身份、地位、社交角色相适应，从而被人理解和接受。中职生学习礼仪，重在交往实践，并身体力行和反复实践。

# 讲究三A原则

一个举止大方、着装得体的人肯定会比举止粗俗、衣着不整的人更受人欢迎，也就更方便交往与应酬，学习礼仪，著名传播学家布吉尼教授提出了三个A原则：

1. 接受对方（ACCEPT）

要有容纳意识。容纳意识要求我们尊重差异、容纳个性、容纳对方的缺点、谅解对方的一般过错。"水至清则无鱼，人至察则无徒。"清澈见底的水里面不会有鱼，过分挑剔的人也不会有朋友，没有容纳意识，迟早会将人际关系推向崩溃的边缘。

2. 重视对方（APPRECIATE）

实际是欣赏对方，怎么欣赏，比如与人交往要善于使用尊称。对有行政职务的人要称行政职务，即使他是你的老朋友，在正规的场合也要称其行政职务，因为对方是代表单位，有决策权。也可称技术职称，就高不就低，王教授，一般不说王副教授。重视对方还表现在记住对方，每个人都认为是独一无二，名字不能说错。

3. 赞美对方（ADMIRE）

发现别人的长处是美德，恰到好处地赞美对方，即使是你的好朋友，在大庭广众之下也要赞美他，所谓扬善公庭，规过私室。

# 以提高本人自尊心为基础

自尊，即自我尊重，是希望被别人尊重，不向别人卑躬屈节，也不容别人侮辱、歧视的一种心理状态。自尊是人的自我意识的表现，并以特定的方式指导人的行动，是一种积极的行为动机。正确的自尊心应具有待人谦逊、不骄不躁的品格。

中职生在学会尊重他人时，自己也得到他人的尊重，自尊心在提高的同时，其内心的道德要求也在提高。所以，培养中职生高尚的人格，养成自尊、自爱、自律的良好品德显得尤为重要。礼仪教育可以作为动力和导向，在中职生的个体发展上发挥重要作用。

> **延伸阅读**
>
> 刘备"三顾茅庐"的故事说明只有尊重别人，才能受到别人的尊重和信赖，在事业上才能获得成功。周恩来同志一生鞠躬尽瘁，为了党和人民的事业贡献了毕生精力，但每次外出视察工作，离开当地时总是亲自和服务员、厨师、警卫员和医护人员等——握手道谢。周总理是尊重他人的典范，是青少年学习的榜样。

# 学会记住别人的名字

每个人都希望他人能够记住自己的名字，对个人来说，自己的名字是世界上听起来最亲切和最重要的声音。记住他人的名字能给对方带来一种尊重感，给人以合作的心理，能很快缩短你和别人的距离。它不但是获得友谊、达成交易、得到新的合作伙伴的通行证，而且能立即产生其他礼节所达不到的效果。

要想记住他人的名字，除了用心记之外，还需讲究一些方法和技巧。与陌生人谈话的时候要先弄清对方姓名，在还没有听清楚的时候就说："对不起，我没有听清"，直到搞清楚为止。在谈话的过程中要反复重复对方的名字，并且这个时候要在脑海中把对方的面孔和名字反复地对照一下，这样能够更好地加深对对方的记忆。

# 学习礼仪要重在实践

历史上，中国曾被视为"衣冠王国"、"礼仪之邦"。父母给长到20岁的男孩子举行冠礼，给15岁的女孩子举行笄礼，取表字，告诉孩子已经长大成人，开始担当成人的职责；用六道仪节完成婚礼；士人之间有专门的士相见礼，以此表达友情的高洁非功利；为表达尊贤敬老，举行乡饮酒礼；置聘礼以教诸侯相接敬让；国际交往时列国使节吟诵诗经表达各自对对方国家的礼节等。

礼仪之"礼"是一种道德规范：尊重，"礼者敬人也。"，"仪"就是恰到好处地向别人表示尊重的形式。法国作家大仲马说过："有些人学了一生，而且学会了一切，但却没有学会怎样才有礼貌。"在人际交往中，既要尊重别人，更要尊重自己，礼者敬人。相互尊重，需要一定的表达形式。要求交往者会说话，会使眼色，懂得待人接物之道。一些中职生平时也知道要讲文明、懂礼貌，但在公共场合或遇到不很熟悉的人时，其礼仪规范就无法发挥，这是缺乏自信的表现。中职生要树立信心，懂得应用得体的礼仪言行是自我良好形象的塑造；要敢于展示一个有礼、自信、文明的自我，并且充分利用各种场合、机会去表现这一点。

《礼记·曲礼》中记载大量古代礼仪，以饮食的仪容为例：
食礼告诫人们吃饭时不要把饭窝成一团搁在碗里；
喝汤的时候别让汤倾流不止；
咀嚼的时候不要发出声音；
不要把咬过的鱼肉放回食盘；
不要当众剔牙。

## 测一测

1. 试讨论下面案例中问题得以圆满解决的根本原因是什么？如果你在生活或工作中遇到类似的事例，你会如何处理？

一位顾客在酸奶中吸出了一小块碎玻璃，便怒不可遏的去牛奶公司投诉，在去牛奶公司投诉的路上，他一边打着腹稿，一边搜罗了许多尖刻的语言，准备在公司不认账的情况下大闹一场。出乎意料的是，牛奶公司的接待人员并没有因为他的激烈言辞而恼怒，而是热情地接待，关心地询问："您受伤了没有？舌头、喉咙有没有事？"于是紧张的空气大为缓和，问题也终于得到了圆满地解决。

2. 请试着体验参加一次社会活动，看看自己在这次活动中能记住多少人的名字。

# 第二章

# 礼仪基础知识

*Liyi jichu zhishi*

## 守时的人才值得信赖

　　中国一家拥有6000职工的大型国有企业，为了改变濒临破产的局面，想寻找一家资金雄厚的日本企业做合作伙伴。经过多方努力，这家企业终于找到了自己的"意中人"——一家具有国际声望的日本大公司。经过双方长时间的讨价还价的谈判，终于可以签订合约了，全厂职工为之欢欣鼓舞。本以为大功告成了的中方人员，没想到在第二天的签字仪式中，公司领导到达签字地点的时间比双方正式的约定时间晚了10分钟。待他们走进签字大厅时，只见日本人员早已衣冠楚楚地排成一行，正在恭候他们的到来。中方领导请日本人坐上签字台，日方的全体人员却整整齐齐、规规矩矩地向他们敬礼，随后日方的领导抱歉地对中方代表说："我们只和守时的人合作。"

# ▶ 仪表礼仪

仪表是一个综合概念。它包括两个层次的含义：

其一，仪表是指人的容貌、形体、轮廓、体态等的协调优美，以及经过化妆、服饰外型设计等的修饰打扮和后天环境的影响而形成的给人的总体印象。这是静态的。

其二，仪表是一个人纯朴高尚的内心世界和蓬勃向上的生命活力的外在体现，这是仪表美的本质。也就是他的举止和表情，这是动态的。

真正的仪表美是内在美与外在美的和谐统一，慧于中才能秀于外。

## 仪表的静态美

### （一）仪容的基本要求

概括地讲：面必净，发必理，衣必整，钮必结，头容正，肩容平，胸容宽，背容直，气像勿傲勿怠，颜色宜和、宜静、宜庄。总的来说，就是要整洁、自然。

1. 讲究个人卫生

勤洗澡、换衣，勤洗手、剪指甲。男士要经常修面，女士要保持皮肤的细润。

2. 头发要常梳理、整理

头发的长度有要求，工作场合，男同志的头发一般不能够剃光，也不能太长。即前发不附额，男人不蓄刘海，侧发不掩耳，后发不及领。女同志不能让过肩的披肩发随意披散，上班时，一定要用发夹或皮圈将头发束好。尤其是年纪稍大的女性不宜留披肩直发，那是年轻人的标志。而对于大腿或臂部比较胖的人，为取得平衡，宜选择蓬松的发型。对于公司、企业、国家公务员，发型一般要求庄重保守，不能过分时尚、张扬。

3. 保持口腔清洁

养成早晚刷牙和饭后漱口的好习惯，防止口臭和异物留于牙缝。注意到社交场合去之前，不要吃带有过分刺激性气味的食物，如葱、蒜、韭菜等。

4. 注意鼻子和耳朵的卫生

鼻腔、耳朵应保持干净清洁，不能有鼻毛或耳毛长出，也不能在人前用手挖鼻孔或拔鼻毛、掏耳朵。

5. 化妆有规矩

（1）化妆提倡自然，以淡妆为宜

喷香水也不宜过浓，以交际圈一米至两米之内，有点芬芳气味为宜。为避免香水过浓，可在出发前一至两小时或前一晚喷好，待自然挥发一定量后再外出就不会刺鼻了。也可采用在耳根或手腕脉搏跳动处轻轻涂抹少许的办法。

（2）化妆要协调

首先，尽可能让所用化妆品成系列。其次，化妆的各部位要协调。比如要涂指甲油，那么甲彩、唇彩、服饰的色彩要一致、协调。

（3）化妆要避人

不要在办公室、会议室、公共汽车站等公共场所没事时当众抹粉、涂口红等。

距离产生美感，不要让别人发现自己漂亮起来的秘密，也不要在别人面前换衣服、穿袜子、捣弄自己，即便是夫妻，也应作这样的回避。

### （二）服饰礼仪

服饰是一种文化，也是一种"语言"，服饰就是向别人展示自我的一种真实的"自我介绍"。在你还没来得及开口讲话时，服饰已经将你介绍给了对方。因此，服饰礼仪显得尤为重要。

选择服饰总的原则是：庄重、典雅、规范、得体、和谐。

**1. 着装应符合个人的身份和年龄**

简单地说，就是要强调男女之别、长幼之别、职业之别、身份之别，让男人像男人，女人像女人，孩子像孩子，老人像老人。

**延伸阅读**

曾经有一位在美国北部工作的女推销员，习惯于穿着深色套装，手提一个男性公文包。不久，她调到阳光灿烂的南部，仍然以同样的装扮去推销产品，结果业绩不够理想。后来她改变了装扮，穿戴色彩淡雅的套装，换了一个女性的皮包，这样装扮使她看起来更有亲和力，着装的改变使她业绩提高了许多。可见，着装在讲究端庄稳重的同时，也要考虑性别的因素。

**2. 着装要注意扬长避短**

要根据自身体型来考虑服装的款式、花色等。比如体型较瘦、脖子细长、锁骨突出者，不宜穿低领或薄衣料的服装。

体型较胖、脖子粗短、腰粗、腹挺者，不宜穿高领、贴身、闪光的服装。

体型矮小的人，则不宜长衣大裤。

**3. 着装要区分场合**

服装的种类、式样、花色千差万别，不同场合、季节和个人爱好不同，对服装的选择存在很大差异。原则上讲，正式的、隆重的场合应着礼服，一般场合可着便服。在学校，凡集会、外出参观、观看演出等，要求着校服，以统一服装和体现团队精神。

（1）办公场合

办公场合要求庄重保守，一般穿套装、套裙、制服或长袖衬衫、长裤、长裙。

（2）社交场合

社交场合就是工作之余的交往应酬时间，比如宴会、舞会、音乐会、聚会、串门，是典型的社交。社交场合的服装就可时髦个性，可穿时装、礼服或具有民族特色的服装。

（3）休闲场合

休闲场合是指工作之余个人活动的时间，比如在家休息或睡觉、健身运动、观光游览、逛街购物等，服饰要舒适自然，这是最不该讲究穿着打扮的地方，背心、牛仔、夹克、拖鞋、凉鞋等可随便穿。切忌出现外出郊游时穿高跟鞋或工作服的情况，这样显得极不恰当。

4．男性职业装的要求

（1）一般情况下，男性职业装以着西装、套装为主。上班装主要以蓝色、纯毛套装为主。上班装外套无须天天换，可只换衬衫、领带。

（2）着西装前一定要洗涤干净、熨烫平整。要求无痕迹，无皱折。裤子的中缝挺而直，并正对着脚尖。

（3）领带的要求

A．穿套装必须打领带，相反，不穿套装时则大可不必打领带。切忌穿短袖衬衫打领带，这样显得不伦不类。打领带的长度以领带尖盖住皮扣为宜，切忌过短或过长。

B．领带与西服相配有一定的规矩。斜条图案的领带分为英式和美式两种。斜条图案如由右上向下是英式的；从左上斜下向右则是美式的。一般英、法式西服配英式领带；美、意式西服，必须配美式领带。

C．领带的色彩、面料、款式也有讲究。如不穿制服，切忌打"一拉得"领带（即带拉索那种）。图案也要注意，重要场合尽量是没有图案的，领带可以是条纹、格子、点状的，不能过分花哨。

D. 选用领带图案要分不同场合。领带是斜条纹图案的，给人正直、权威、稳重、理性的印象，适合在谈判、推销、演讲、开会、主持会议的场合使用。

方格子和点状的，给人中规中矩、按部就班的印象，适合在初次约会见面或会见上司和长辈时使用。

不规则图案的，如抽象画、几何图形、变形虫、花鸟等图案，给人有创意、有个性、有朝气和流行的感觉。适合在酒会、宴会或下班后的约会、朋友聚餐时使用。

E. 一般人没必要用领带夹。只有工商、税务、警察、军人、空中先生等，领带夹是统一制作的，有标志，是CIS（企业形象可识别系统）。另外，大人物、领导人、大老板，应酬多，进餐、商务活动时以免领带乱窜才用领带夹。

（4）西服要遵守常规

A. 西装上衣下面的两个口袋切忌装东西，口袋的线可不用拆。但袖子上的商标必须拆，表示已启用。

B. 穿西服讲究三色原则。即穿西服时，全身的颜色应该在三种之内，包括上衣、裤子、领带、皮带、鞋子、袜子、公文包。重要场合，穿西服套装外出时，要求鞋子、皮带、公文包是一个颜色，以黑色为首选。

C. 重要场合，白色裤子和尼龙丝袜子不和西装搭配。而且套装要和黑色皮鞋（系带皮鞋）搭配。切忌上穿西装套装，下穿布鞋、旅游鞋、休闲鞋。

D. 在非常重要的场合，尤其是国际交往过程中，切忌只穿衬衫、夹克，而不穿外套；也忌没穿西装套装打领带。

E. 西服纽扣有讲究。起身站立时，西装上衣的钮扣应当系上，以示郑重其事；就坐后，为方便和以防其走样，西装上衣的钮扣则要解开。

西装的纽扣有单排扣和双排扣之分。单排扣有1粒、2粒、3粒或更多粒扣；双排扣有4粒、6粒扣。单排扣1粒的扣与不扣都无所谓，2粒的应扣住上面那一粒，3粒的可以扣上两粒或者只扣中间那粒。双排扣要全部扣上。

**养成好习惯**

最保险与传统的选择应该是两粒扣西服，只扣上面一扣。

三粒扣的话，上面叫经常，中间叫总是，下面叫从不。

扣满三粒，那是没文化的代言词。

总之，西方人认为，衣服上扣上的纽扣数目必须永远保持单数。双排扣

的西装要纽扣都扣上。

也忌不扣衬衫的扣子，以及将衬衫放于西裤外，或西裤过短。西裤的长度以裤长盖住皮鞋为佳。

F. 衬衫的袖子，应长于西服袖子，以将衬衫袖口稍露出一截（0.5～1.0厘米）为宜。

5. 女性职业装的要求

职业场合着装有六忌：

（1）一忌过分杂乱、乱穿

穿高档套装、套裙切忌光脚丫穿露脚趾的凉鞋，应与高跟、半高跟的皮鞋搭配。穿套裙时，袜子是腿部的时装，要注意不能穿着挑丝、有洞或补过的袜子外出，且袜口不得短于裙摆边。袜子的大小松紧也要合适，不能当众整理自己的袜子，这样有失体统。

（2）二忌过分鲜艳

同样讲究三色原则。图案也要注意，重要场合的套装尽量是没有图案的，或者规范的几何图案。

（3）三忌过分暴露

忌暴露胸部、肩部，穿无袖装。

（4）四忌过分透视

内衣不能让别人透过外衣看到其颜色、款式、长短和图案。这非常不礼貌。

（5）五忌过分短小

（6）六忌过分紧身

6. 饰物的佩戴

我们使用的饰物有两种，一种是实用型的，如男人的三件宝：手表、钢笔、打火机。俗话说："男人看表，女人看包。"重要场合，这些饰物可提升使用者的档次和品味。另一种是装饰型的，占绝大部分比例，以女性使用居多。佩带饰物的要点有：

（1）以少为佳

女同志的戒指、项链、耳环、胸针等，一般场合均以身上的饰物在三种之内为最好。每一种不多于两件是最正规的。比如耳环、手镯，戴一对，不能超过两件。

（2）同质同色

所戴饰物的色彩和款式要协调，比如戴黄金的胸针，那么戒指、项链首选黄金，戴白金的戒指，那么项链首选白金，没有白金戴白银，没有白银可配不锈钢。

（3）符合习俗

入国问境，入乡随俗。比如南方好戴黄金、白金；北方好戴翡翠，有男戴观音女戴佛的讲究。到天主教国家，不要常挂十字架等。

对于戴戒指，我国一般不戴右手，戴左手。拇指一般不戴。也切忌四个指头都戴。戴在每个指头上的含义分别是：

戒指戴在食指上表示无偶求爱；

戒指戴在中指上表示正在热恋；

戒指戴在无名指上表示订婚或结婚，已名花有主；

戒指戴在小指上则暗示自己是独身主义者。

**延伸阅读**

有一种戒指，当你戴它的时候，无论你戴在哪个手指，都不代表任何意义，这种戒指就是一般的花戒。只是起到一种装饰作用，可以戴在任何一个你想戴的手指上。

（4）要注意搭配

要同服装与其他首饰协调。比如高档钻戒配时装就相得益彰，与牛仔裤、乞丐装搭配就不恰当了。

# 仪表的动态美

### （一）行为举止的要求

"腹有诗书气自华"，一个人的行为举止是其教养、风度、魅力的综合体现。

1. 美观、规范

要求坐如钟、站如松，行如风。

2. 互动

互动就是说要注意自己的所作所为将产生良好的预期的后果，要被交往对象理解和接受。

比如英文"OK"，好、行、可以。这个姿势在英语国家是同意、肯定之意，在其他国家就变了。在日本是"零"之意，在地中海沿岸是很下流的动作等。因此，要注意举止要被对方理解并接受。

### （二）表情的要求

这里主要讲人的面部表情，就是人的面部表情的外显，包括眼神、笑容、面部肌肉的动作。

1. 眼神

（1）眼能传神，也能走神。

要注意看对方时做到"目中有人"，在与别人交流时，养成注视对方的习惯。并且眼神应是诚恳、友善的，表示对对方的尊重和友好。

（2）一般情况下，双方以一至两米的近距离交谈时，看对方的眼睛或头部位置，眼神不能停留于胸部和胸部以下的位置，这样很不礼貌。

尤其是异性交谈时。眼神交流时切忌斜视，要正面面对对方，以正眼交流。

（3）交谈中，随着话题、内容的变换，做出及时恰当的反应。

或喜或惊，或微笑或沉思，用目光流露出会意的万千情意，会使整个交谈融洽、和谐、生动而有趣。

（4）谈话时眼睛往上、往下、眯眼、闭眼、游离不定、目光涣散，是傲慢、胆怯、蔑视的表现。

（5）交谈中，眼神交流的时间以整个交谈过程的1/3~2/3时间内较为合适。

切忌至始至终都注视对方，这是极不礼貌的；也不要少于1/3时间，不然有蔑视、轻视之嫌。每次注视的时间不可过长，可偶尔将视线移开一下，但不得移开太久。

2. 笑容

当笑则笑，不该笑时不笑。

（1）进行接待、服务工作及与人交往时，一般以微笑为好。微笑要发自内心的、自然大方，显示出亲切感。职业化的微笑一般要求露出六颗牙齿（上齿）。

（2）笑要掌握好分寸。如果在不该笑的时候发笑，或者在只应微笑时大笑，有时会使对方感到疑虑，甚至认为你是在取笑他，这显然也是失礼的。

（3）要笑好并非易事，必要时应进行训练，可以自己对着镜子练习。

测一测

1. 假定你是公司的职员，请为自己设计一套工作服。

| 项　　目 | 具体方案 |
| --- | --- |
| 着装外形 | |
| 整体色彩 | |
| 款　　式 | |
| 面　　料 | |

2. 请检查自己的仪容仪表，是否符合中职生的特点？面对镜子，整理仪容仪表，并练习微笑5～10分钟。

## ▶ 举止礼节

举止是一个人内在素质的外在表现形式之一，即所谓内在素质的外化。从某种意义上还可以说举止是一种无声的"自我介绍"，它将自己内在素质的高低，受教育的程度，能否值得信任等，都真实地、自然地告诉了别人。

优美、得体的举止，能给人一种美的享受和感化，它能弥补容貌的不足。

# 站 姿

要做一位在公共场合中受人欢迎的人，最重要的是要具备正确的站立姿态，因为站姿是我们日常生活中第一个引人注视的姿势。优美、典雅的站姿是发展人的不同质感动态美的起点和基础。良好的站姿能衬托出美好的气质和风度。

古人说："站如松"，要求站有站功，挺直如松。这是对站态的形象化要求，是现代礼仪对站态的规范化要求。

良好的站态应是这样的：

（一）挺拔、稳定

1. 稳定感是通过对称的体形来体现的。

2. 站立状的人从正面看去，应以鼻尖为点向地面作垂线，人体在垂线两侧对称。因此，站立时不能偏头、抬肩、斜腰，不然会破坏身体的左右对称与平衡，头要正，肩要平，腰要直。

3. 站立时，竖看三点为一线：脚尖、胸、鼻尖；横看四点一线：两个肩和两个锁骨。

（二）两眼平视、收腹挺胸

1. 两眼平视前方，视线与眼睛同高，能给人以沉着稳重之感。

2. 挺胸：能增加胸廓的前后径，这不仅能增添人体的形态美，还能使人显得英姿勃发，充满活力。

3.收腹：既有利于挺胸，又有利于束腰，能使人显得更健美。

4.挺胸收腹的方法是：双肩略向后用力，胸廓上提变腹式呼吸为胸式呼吸；时间过长，若感到劳累，或在非正式场合，可适当调节一下，暂时恢复腹式呼吸。

### （三）轻松自然

1.站立时，在保证姿态正确的情况下，要挺拔、稳定，力求轻松自然。具体做法是：

上身肌肉微微放松，手臂自然下垂，双脚自然伸值，身体重心均衡落在双脚上；时间较长，为避免显出倦容，则可用以下几种站姿调节：

（1）垂手式站立——男、女

身体直立，双手置于身体两侧，半握拳，双腿自然并拢，脚跟靠紧，两脚并拢或分开呈"V"字形。

| 垂手式站立 | 垂手式站立 | 握手式站立 | 丁字步站立 |

（2）握手式站立——女

身体直立。右手握左手；贴于腹部，两腿并拢，脚跟靠紧，两脚分开呈"V"字形。

（3）丁字步站立——女

身体直立，右手握左手，贴于腹部，左脚窝贴于右脚跟。

（4）握手式站立——男

身体直立，右手握左手（或左手握右手），贴于腹部，两腿分开，两脚平行比肩宽略窄，一般以20厘米为宜。

握手式站立　　　　　　握手式站立　　背手式站立

（5）背手式站立——男

身体直立，右手握左手，贴于臂部，两腿分开，两脚平行比肩宽略窄。

2. 良好的站姿要经过刻苦的训练才能获得。

训练时，可轮流采用几种站姿，两人一组，背靠背站立，两人的脚跟、小腿、臂部、双肩和后脑勺相贴在一起，或一人靠墙站立，身体各部分与墙面相贴。每天坚持训练。

**（四）应当避免的站姿**

1. 两腿交叉站立，它给人以不严肃的感觉。

2. 双手或单手叉腰，这种站法往往会有进犯之意。

3. 双臂交叉抱于胸前，这会有消极、防御、抗议之嫌。

4．双手插入衣袋或裤袋中，这样不严肃、拘谨小气；实在有必要时，可单手插入裤袋。

5．身体抖动或晃动，这给人以漫不经心或没有教养的感觉。

# 坐 姿

坐有坐相，文雅端庄。坐姿文雅，坐得端庄，不仅给人以沉着稳重、冷静的感觉，而且也是展现自己气质与风范的极好形式。

坐姿的基本要求是"坐如钟"。入座时，应以轻盈和缓的步履，从容自如地走到座位前，然后转身轻而稳地落座（坐满椅面的1/2~2/3 即可），并将右脚与左脚并排自然摆放。

坐定后，身体重心垂直向下，腰部挺起，上体保持正直，头部保持平稳，两眼平视前方，下颌微收，双手自然地放在膝盖或座椅的扶手上。

## （一）女士的正确坐姿

1．标准式

上身挺直，双肩平正，两臂自然弯曲，两手交叉叠放在两腿中部，并靠近小腹，两膝并拢，小腿垂直于地面，双脚并拢。

2．前伸式

在标准坐姿的基础上，两腿向前伸出一脚的距离，脚尖不要翘起。

3．前交叉式

在前伸式坐姿的基础上，右脚后缩，与左脚交叉，两踝关节重叠，两脚着地。

标准式

前伸式

前交叉式

侧点式一

屈直式

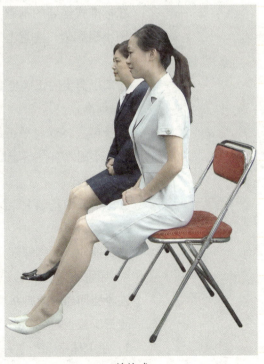

前伸式

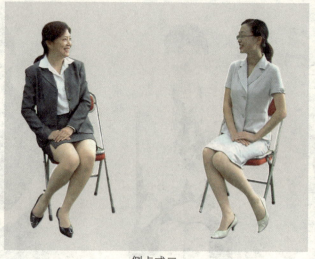

侧点式二

侧身重叠式

### 4. 屈直式

右脚前伸，左小腿屈回，大腿靠紧，两脚前脚掌着地，并在一条直线上。

### 5. 侧点式（又叫S坐）

两小腿向右斜出，两膝并拢，或左脚跟靠拢右脚内侧，左脚掌着地，右脚尖点地，头和身躯向右斜，双手交叉叠放在右腿上或扶手上。

### 6. 侧身重叠式

在标准式坐姿的基础上，两腿向一侧，一条腿提起，左大腿放在右大腿上，两小腿靠紧。注意上边的腿向里收，双腿平行，脚尖向下，手叠放在大腿上。

### （二）男士的正确坐姿

### 1. 标准式

上身挺直，双肩平正，双手放在两腿或扶手上，双脚、双膝微微分开与肩同宽，小腿垂直并落于地面。

### 2. 前伸式

在标准式的基础上，两小腿前伸一脚的长度，脚尖不要跷起。

### 3. 交叉式

小腿前伸，两脚踝部交叉。

### 4. 屈直式

左小腿回屈，前脚掌着地，右脚前伸，双膝之间有一个拳头的距离。

### （三）应当避免的坐姿

### 1. 忌上体不直，左右晃动，显得没教养。

标准式

前伸式

前伸式

交叉式

屈直式

2．忌猛起猛坐，弄得座椅乱响。

3．忌"4"字型叠腿，并且双手扣腿，晃脚尖，这会使人觉得傲慢无礼，目中无人。

4．忌双腿分开，伸得老远，尤其是女性，这是极不雅观的坐姿。

5．忌脚藏在座椅下或勾住椅腿，这会显得小气，欠大方。

6. 忌手置于膝上或椅腿上，容易被人判读为示意结束。

7. 忌前贴桌边后靠椅背。

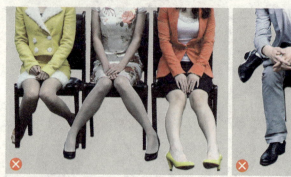

### （四）入座的注意事项

1. 如果你是男士，与女士同在社交场合，男士要时刻不忘"女士优先"的原则。要让女士先入座，同时男士应为女士搬动椅子，等女士坐下后，自己方可入座，以显男士风度。

2. 如果是从椅子后面入座，应从椅子左边走到座位前，再转身，背对座位，右脚向后退半步，然后再自然缓缓坐下。

3. 女性着裙装时，应清理一下裙边，将裙子后片向前拢一下，以显得端庄娴雅。

# 走 姿

走姿即步态，是指人行走时的状态。正确的坐态与良好的站态，表现的是一种静态美，而优美的步姿表现的则是一种动态美。从某种意义上说，动态美高于静态美，因为动态美的塑造比静态美更难。动态的东西，往往更能体现一个人的性格、气质、修养的精神状态。

步伐矫健，动作敏捷的人，给人以健康、阳光之感；步履轻盈，体态端庄者，给人留下典雅、优美的印象；而弓腰驼背、步态蹒跚、左右摇晃的人，给人以精神萎靡、身体虚弱的感觉；八字步、罗圈腿让人看着没美感；行走时臀部扭动幅度过大或故意扭态，使人产生庸俗，轻薄、猥琐之感。

走路的基本要点是：自然、从容、平稳、直线。

**（一）迈步的要领**

1. 正确的迈步方法是用小腿而不用大腿，这样会显得很轻盈。若用大腿迈步，则会使上半身后仰，行走起来使人感到很吃力。

2. 行走时，前脚掌先落地，脚后跟后触地。如脚后跟先落地，会使振动直接传到大脑，给大脑造成危害。

**（二）走路的重心**

1. 行走时，上身挺直略前倾，使重心正好落在脊柱前方。两臂要自然摆动。

2. 如果两臂摆动幅度过大，会使身体出现晃动，进而造成身体重心的位移，使走路的姿态摇摆不定，从而破坏应有的和谐美。

**（三）走路的速度**

1. 行走时，首先是要保持匀速前进，这样双脚着地相继迈出，能产生一种节奏的美感。

2. 行走时的速度要适中，男士一般以每分钟100步左右，女士以每分钟90步左右为宜。

速度太快，形成"碎步"，会使全身出现摇摆，尤其以女性更为明显，身体前后摆动太大，或周身肌肉抖动太大，都会使人的空间形象失去平衡感。

速度太慢，则会使全身肌肉松弛，尤其是腹肌的松弛，给人以松垮、懒散与精神不振的感觉。

适中的速度，能使上身大致保持直立、稳定，容易使人体各部分的动作协调，产生一种和谐美。

#### （四）走路的步位和步度

1. 步位是指行走时脚落到地上的位置。

正确的步位是，两脚尖正对前方，两脚内侧落地时应基本在一条直线上。这样即能保证行走时正确前进，又能增加步态的美感。

2. 正确的步位可以通过训练走直线养成。

正确的步位即训练时在地面上画一条直线，行走时使自己双脚内侧靠近或踩到直线上。

3. 步度（步幅）是指跨步时前脚后跟与后脚脚尖之间的距离，一般以本人的一个脚长为标准。

4. 步度也可因所穿服式而异。

如女性穿旗袍、西服裙、礼服裙时，步度应小些，穿长裤和休闲装时步度大些。有的人走平路也给人"深一脚、浅一脚"的感觉，这正是由于不注意自己的步度造成的。标准的步度可以使步态稳健而优美。

#### （五）应避免的走姿

1. 忌步子太大或太小。太大不雅观，太小不大方。

2. 忌双手插入裤袋，让人觉得拘谨、小气。

3. 忌双手反背于背后，给人以傲慢、呆板的感觉。

4. 忌身体乱晃摆，给人轻佻、浮夸、缺少教养之感。

5. 忌走路不成直线，"内八字"、"外八字"不美观。

# 握手礼

握手是当代世界上最为普遍的一种表达见面、告别、祝贺、安慰、鼓励等感情的礼节，是沟通思想、交流感情、增进友谊的重要方式。它既是一种礼仪方式，又可称之为人类相同的"次语言"。深情、文雅而得体的握手，往往蕴含着令人愉悦、信任、接受的契机。因此，它已成为世界上通行的，人们在日常交往中使用的见面礼节。

**（一）握手的具体样式**

握手的具体样式是千差万别的。通过握手，有助于我们了解对方的性格、情感状况、待人接物的基本态度；也有助于我们在人际交往中根据不同的场合、不同的对象去自觉地应用各种具体的样式。

1. 对等式握手

对等式握手也是标准的握手样式，握手时两人各自伸出右手，手掌均呈垂直状态，然后五指并用，稍许一握，时间以3秒左右为宜。握手时，上身略前倾，头要微低一些。注视着对方，面带微笑，距受礼者75厘米左右。

2. 支配式握手

支配式握手也称"控制"式握手。用掌心向下或向左下的姿势握住对方的手。

以这种样式握手的人想表达自己的优势、主动、傲慢或支配地位。

3. 谦恭式握手

谦恭式握手也叫"乞讨式握手、顺从型握手",与支配式握手相对,用掌心向上或向左上的手势与对方握手。用这种样式握手的人往往性格软弱,处于被动、劣势地位,甚至有几分畏惧。这种人往往易改变自己的看法,不固执。

4. 双握式握手

双握式握手称政客式握手。竞选总统时,几乎所有的竞选人都要以这种样式对上至亿万富翁,下至平民百姓握手。

具体样式是:在用右手紧握对方右手的同时,再用左手加握对方的手背、前臂、上臂或肩部。

使用这种握手样式的人是在表达一种热情真挚、诚实可靠,显示自己对对方的信赖和友谊。从手背开始,对对方的加握部位越高,其热情友好的程度显得也就越高。

5. "死鱼"式握手

"死鱼"式握手是指握手时伸出一只无任何力度、质感，不显示任何信息的手。

这种人的特点如不是生性懦弱，就是冷漠无情，待人接物消极傲慢。

6. 手指式握手

不是两手的虎口相触对握，而是有意或无意地只捏住对方的几个手指或手指尖部。女性与男性握手时，为了表示自己的矜持与稳重，常采取这种样式。

7. 拉臂式握手

将对方的手拉到自己的身边相握，且往往相握的时间较长。这种形式适用于男性很久不见的朋友。

8. 抠手心式握手

两手相握之后，不是很快松开，而是双方手掌相互缓缓滑离，让手指在对方手心适当停留。这种形式的握手只见于情侣之间。

### （二）施礼中的注意事项

1. 握手用右手

2. 注意双手的卫生

以不干净或者湿的手与人相握是不礼貌的。

手指式握手

3. 握手的顺序有讲究

（1）讲究地位高的人首先伸手。

下级和上级在一起，上级首先伸手；

晚辈和长辈在一起，长辈首先伸手；

男士和女士在一起，女士先伸手。

（2）主人和客人在一起，伸手的前后次序有差异。

客人到达的时候，主人先伸手，表示对客人的欢迎；

客人走的时候是客人先伸手，表示告辞，如果这时主人先伸手，就有逐客之意。

4. 握手讲究互动

拒绝他人握手是很不礼貌的，也不要在握手后，当着对方擦手。

5. 握手时不要用力过猛

尤其是当男性与女性握手时，用力一定要适度，而且往往只握一下妇女的手指部分，不可将手直插女性虎口处，更不要对女性采取双握式或拉臂式握手。

6. 握手时，不能昂首挺胸

身体可稍微前倾，以示尊重。当老人或贵宾向你伸手时，应快步上前，用双手握住对方的手，这也是尊敬对方的表示。

7. 在多人同时握手时，不要交叉握手

8. 握手时间的长短要注意

其时间的掌握，要因人因地因情而定。初次见面时握手时间不宜太长，一般不要超过3秒钟。

9. 无论男女，握手时均不应戴手套

身着军装的男子可例外，但握手时要先行举手礼，然后再握手，这是国际惯例。

10. 握手时应双目注视对方，不得左顾右盼

11. 握手时两手上下抖动，而不能左右晃动

**（三）握手语**

在握手时，常伴有一定的问话，称为握手语。

1. 问候型

这是最常见的一种握手语，一般的接待关系可以这种形式。如"你好！"、"最近怎样？"。

2. 祝贺型

当对方有突出成绩，受到表彰或遇到喜事，在接待时可用这种语言，如"恭喜你！"、"祝贺你！"。

3. 关心型

这种形式特别运用长辈对晚辈，上级对下级或主人对客人等情况。如"辛苦了！"、"一路很累吧？"、"天热吧？"。

4. 欢迎型

对第一次来的客人或公务接待，均可用欢迎语。如"欢迎光临！"、"欢迎你！"。

5. 致歉型

自己有地方做得不对或表示客气时可用此类握手语。如"照顾不周，请多包涵"。

6. 祝福型

送客时多用此握手语。如"祝你一路顺风！"、"祝你走运！"。

# 鞠躬礼

现在，鞠躬礼已成为一种比较常见的礼仪。在初见的朋友之间，熟人、同志之间，主人、客人之间，上级、下级之间，晚辈、长辈之间，为了表达对对方的尊重，都可以行鞠躬礼。

世界上，对鞠躬礼应用最多的是日本。对日本人来说，弯腰已成习惯，鞠躬已成自然，所以，有绅士风度的日本人一天到晚总在人际交往中弯腰鞠躬。

## （一）行鞠躬礼的基本要求

1. 行礼者和受礼者互相注目，不得斜视和环顾

2. 行礼时不可戴帽

如需脱帽，脱帽所用之手应与行礼这边相反，即向左边的人行礼时就用右手脱帽，向右边的人行礼时应用左手脱帽。

3. 行礼者在距受礼者两米左右进行

4. 行礼时，身体要前倾

身体上部向前倾约15度、30度、45度、90度，具体的前倾幅度视行礼者对受礼者的尊重程度而定。

5. 双手应规范

上体前倾时自然下垂平放膝前，而后恢复立正姿势。

6. 通常受礼者也要还礼

应以与行礼者的上体前倾幅度大致相同的鞠躬还礼，但是，上级或长者还礼时，可以欠身点头或在人身点头的同时伸出右手答之，不必以鞠躬还礼。

7. 行礼幅度视场合与不同的对象而变

见面礼：15度、30度；分手礼：45度；　特殊情况，如婚礼、葬礼或面对特别尊重的人或需特别大的礼节是行90度。

# 其他动作姿势

### （一）手势

手势是人们用以表情达意的一种特殊方式。通过手势向别人传递的信息叫手语。得体的手势与语言交相辉映，可以使谈话人的思想、感情得到更深刻的表达。常用的手势有：

1. 横摆式手势

（1）在表示"请进"、"请"时常用。

（2）规范动作是：

A．五指并拢，手掌自然伸直，手心向上或向前，肘部微弯曲，手与地面呈45度角。

开始做手势应从腹部之前抬起，以肘为轴轻缓地向一旁伸出。

B．注意头部和上身要向伸出手的一侧倾斜，另一手自然下垂或背在背后，目视宾客，面带微笑，表现出对宾客的尊重、欢迎。

2. 前摆式手势

（1）如果左手拿着东西或扶着门时，同时要向宾客作向左"请"的手势时常用。

（2）规范动作是：

A. 五指并拢。手掌伸直，由身体一侧由下向上抬起，以肩关节为轴，到腰的高度再由身前右方摆去，距身体15～20厘米，并不超过躯干的位置时停止。

B. 要目视来宾，面带笑容。

3. 双臂横摆式

（1）当来宾较多时，表示"请"可以动作大一些。

（2）规范动作是：

A．两臂从身体两侧向前上方抬起，两肘微曲，向两侧摆出。

B．指向前进方向一侧的臂应抬高一些，伸直一些，另一手稍低一些，曲一些。

4．斜摆式手势

（1）请客人落座时，指向客人座位的地方时采用。

（2）规范动作是：

手先从身体一侧抬起，到高于腰部后，再向下摆去，使大小臂成一条斜线。

5．直臂式

（1）需要给宾客指方向时采用。

（2）规范动作是：

手指并拢，掌伸直，屈肘从身前抬起，向指到的方向摆去，直到与肩的高度时停止，肘关节基本伸直。

（3）注意指引方向时，不可用一个手指指出，那样显得不礼貌。

（二）蹲姿

当拾拣掉落在地的东西或取放低处物品，往往需下蹲。尤其是身穿裙装的女性，如果没有良好的蹲姿，往往会风度尽失。规范的蹲姿应该是：

1. 女士的蹲姿

（1）走到物品前，上体正直，单腿下蹲。

（2）具体的方法是：

（方法一）即高低式蹲姿。左脚在前，右脚在后向下蹲去，左小腿垂直

方法一　　　　　　方法二

于地面，大腿靠紧，右脚跟提起，前脚掌着地；左膝高于右膝，臀部向下，上肘稍向前倾。

（方法二）即交叉式蹲姿。下蹲时左脚在前，右脚在后，左小腿垂直于地面，全脚着地，右腿在后与左腿交叉重叠，右膝向后面伸向左侧，右脚跟抬起，脚掌着地。两脚前后靠紧，合力支撑身体。

（3）蹲姿应注意的是：

一是那种直腿下腰翘臀或双腿下蹲的姿势都是不可取的。二是下蹲两腿要靠拢。三是忌背对和面对他人，应与他人侧身相对。

2. 男士的蹲姿

男士可依照女士的蹲姿，不过两腿不要靠太紧，可以有一定的距离。

**（三）上下楼梯**

1. 上楼或下楼时，上体均应保持直挺，且靠右行，勿低头看梯。双眼应平视正前方。

2. 落脚要轻，重心一般位于前脚的脚前部，以求平稳。

**（四）搭乘轿车**

1. 女士欲进车内时，先侧身坐于车座上，而后将双腿、脚同时挪入车门，再将身体调整好，安坐待行。

2. 下车时，应先将双腿先行移出，再侧身出来。那种先低头钻进车内，弯腰翘臀，然后双脚抬轮流跨入，如同爬行，是错误而且极不雅观的姿势，尤其女性穿着裙装时更要注意。

测一测

1. 握手礼在施礼过程中应注意些什么?

2. 两个人为一组,进行站立、行走、坐姿、握手练习,相互观察对方的仪态,并指出正确与错误的地方。

## ▶ 称呼与交谈礼仪

在日常生活中，人们最直接、最广泛使用的语言交往方式是口头言语，即说话或交谈。虽然说话并不难，但要把话说得恰到好处，使对方能接受，对交往产生积极的影响，确实存在说话技巧的问题。

## 称　呼

在人际交往中，怎样称呼对方，是一个需要首先解决的问题。称呼既能表明交际双方彼此的关系，同时，也能反映说话人内在的文化素质和道德水准。恰当的称呼，能增进彼此的感情，使交谈或交往顺利进行；称呼失礼或错乱，将会在对方心目中留下糟糕的第一印象，甚至引起对方的不快。因此，称呼是否得当，往往直接影响着交往的成功与否。

1. 凡学校的教职员工，可均以"老师"相称。切不能以"喂，××老师"相称。

2. 同学之间应直呼姓名，也可叫一些比较高雅、动听的小名。但切忌以同学的生理缺陷为特点或以嘲笑、逗乐为目的为其取绰号。

3. "同志"，在我国使用最广泛、最普遍。不论是何种职业、年龄、地位的人，均可称为"同志"，既亲切又礼貌。"同志"前可冠以姓名，如"李强同志"，也可只冠以姓或名，如"王同志"。

4. "师傅"也使用得较为普遍。"师傅"一词，是对具有某一技艺或某一技术的人尊称。

5. 知识界人士，可在其职称前冠以姓氏，如"王大夫"、"李教授"等。对于老前辈、老师长或德高望重的其他老年人，还可以在姓氏后面加一"老"字相称，以表敬重之意，如"郭老"、"徐老"等。

6. 对文艺界、教育界人士，以"老师"相称较为恰当，在其姓氏后加上"老师"即可，如"周老师"、"刘老师"等。

7. 在一般工作场合，以在职务或职业前加姓氏为好，如"张经理"、"李厂长"、"王主任"等。

8. 一般同事之间，可直呼姓名，也可根据年龄大小，在姓氏前面加"老"或"小"，如"老王"、"小李"等。

9. 对港、澳、台同胞，男的可称"先生"，未婚女子称"小姐"，已婚女子称"夫人"或"太太"，对年纪较轻的已婚女子也可称"小姐"。

# 交谈礼仪

### （一）语言交往技巧

1. 说话应看对象，看场合

在日常生活中，不同的场合、不同类型的人交谈时所使用的语气、词汇和用语是明显不同的。

对上级、长辈和老师说话时，应该用尊敬的语气、高雅的词汇和正规的用语。

对朋友、同事交谈时，应该用随和的语气、通俗的词汇和一般的用语。

与恋人、家人交谈时，应该用亲切的语气、甜蜜的词汇和情感化的用语。

医生与病人交谈时，要用同情、关心的语气、通俗易懂的词汇和正规的用语。

2. 先了解对方的心态再说话

说话时最好先了解对方的心态，说对方希望听的话，让对方觉得与你不谋而合，这样不仅容易被人接受，而且可以很快缩短彼此间的心理距离。最怕的就是不了解对方的心态，说了对方不愿意听的话，这样会引起对方的反感。

3. 求同存异，多说"是"或"对"

不当面挖苦人，不当众揭别人的短，不当众批评别人。

先肯定、接受对方的意见，这样才能使对方也接受你的意见。交谈过程中，你可以使用这样的语言来引起对方的重视，可以避免正面冲突，而且，作为报答，对方也会接受你的意见。

### （二）交谈注意事项

1. 交谈要专注，表情要自然，语言要亲切

交谈中要注视对方、神态要专注、表情要自然、语言和气亲切、表达得体，双方都应注意对方。边交谈边处理与交谈无关的事务，是慢待对方的表现。

2. 选择合适的话题

不要涉及他人隐私，交谈中除办理手续的必要，一般不要询问妇女的年龄、婚姻状况，不能直接询问对方履历、工资收入、家庭财产、服饰价格等私人生活方面的问题。

避免进入对方"敏感区"，不谈论别人的过失、残疾、生理缺陷、隐痛等。不要谈论一些不宜在友好交谈中出现的话题，也不要选择曲高和寡的高深话题，应选择大众性，大家都能听懂，并能发表意见的话题。话题应尽量符合双方的年龄、职业、性格、心理等特点。

3. 不议论他人，不传播小道消息

有的人喜欢和别人在一起时谈论他人，探听别人的隐私，不管自己掌握的小道消息是否正确就随意传播，以自己的消息灵通而沾沾自喜。有时朋友向他倾诉的心事也被他拿来当闲话传播和谈论，这样的人是最令人讨厌、最不值得交往的人。有时，人要学会倾听，少说话，无论别人传给你多少消息，应该到你这里就卡住了，这样才值得他人信任和尊重。另外，在公共场合和他人交头接耳，窃窃私语也是让人非常讨厌的。

### （三）使用礼貌用语

1. 问候用语

（1）早上、中午、晚上见了面，分别使用"早上好"、"中午好"、

"晚上好"或"早安"、"午安"、"晚安"。

（2）其他时候见了面，视情况分别使用"您好"或"你好"。

（3）陌生人初次见了面，使用"您好，认识您很高兴"或"您好，见到您很高兴"。

（4）问候对方时，表情应自然、亲切、热情，脸上应带有温和的微笑。

（5）对于对方的问候，不可以毫无反应，一定要礼貌地作答，回答一般是对等的。

（6）见到所有认识的人都应问候，那种擦肩而过、视而不见的行为是不礼貌的行为。

**养成好习惯**

标准的问候用语：

1. 十字文明用语：您好！请！谢谢！对不起！再见！

2. 标准问候用语：您好！各位好！

3. 标准欢迎用语：欢迎光临！见到您很高兴！

4. 标准送别用语：再见！慢走！欢迎再来！

5. 标准请托用语：请稍候！请让一下！

6. 求助式请托用语：劳驾！拜托！打扰！请关照！

7. 标准道歉用语：对不起！请原谅！失礼了！真过意不去！

8. 谅解式应答用语：不要紧！没关系！我不会介意！

9. 祝贺用语：祝你成功！祝你走运！一帆风顺！心想事成！

10. 节庆式祝贺用语：节日愉快！新年好！生日快乐！

**2. 感谢用语**

（1）无论什么人，只要替你做了点事情，帮了点忙，你就应说"谢谢"。

（2）别人送你东西时，在感谢时最好说明理由。

比如：如果你想要，可说"谢谢你送给我礼物，我非常喜欢它"，或"谢谢你借给我英语教材，眼看就要考试了，我到处都买不到"。如果不想要，应该说"不，谢谢你"，而不应该说"我不喜欢"。

（3）当别人赞扬你的工作、作品或别的事情时。

可简单说"谢谢"，也可说"承蒙你，多谢"，或"谢谢您，我很高兴你喜欢我画的画"。

**3. 答谢语**

（1）当你替别人做了一点事情，别人感谢你时。

你可说"小事情一桩，不值一谢"，或"能为你帮忙是件高兴的事"，或"不必客气，这是我应该做的"，也可简单说声"不客气，不用谢"。

（2）送别人礼物，别人感谢时。

可以说"不用谢，我很高兴你喜欢这件礼物。"或"我很高兴这件礼物合你心意"。

4. 道歉用语

无意中碰撞了别人，弄脏了别人的衣物，需暂时打断别人的谈话、学习、工作和娱乐时，常用"对不起，请原谅"；"真是失礼了，非常抱歉"；"对不起，打断一下"；"真是过意不去"等。

1. 两个人为一组，模拟陌生人交谈的各种场景，看看不同情况下见面应该怎样打招呼？

2. 十字文明礼貌用语，你记住了吗？

## ▶ 电话礼仪

　　电话交谈与面对面交谈相比，其最大特点是互相不能见面，人们只能通过声音在了解谈话人的内容、意图等的同时，由声音去推测，猜想说话人的情绪、表情、心境。如果缺乏使用电话的常识与素养，不懂得打电话和接电话的礼仪规范要求，往往就会影响工作任务的完成，甚至会使本单位的良好形象受到损害。因此，我们必须重视自己的"电话形象"。

## 打电话的时间

　　1. 打私人电话的时间要注意掌握分寸，以不打扰对方为原则。一般在早上7点以前或深夜10点以后以及用餐时不要给朋友打电话。也不要在别人上班期间打过多的私人电话。

　　2. 打电话要注意适可而止，电话交谈所持续的时间，以3~5分钟为宜。

# 建立对话关系的言语礼节

1. 在电话交谈中，礼貌的发话方式应该是接话一方先自报家门，"您好! ××单位"，然后打电话的人回应："您好，我是×××，请找××听电话，好吗？"。

2. 由接话方先发话，可省去一系列的询问、周旋，用语简洁又很好地体现了尊重别人、服务大家的精神。

# 控制情绪和音量

1. 电话联系，不见其人，只闻其事，相互间的真情只能靠语音来表达。这就需要充分发挥语音、语调的表情功能。

2. 所谓对着电话机微笑，也就是将交际对象想象成就在眼前，有了一种面对面交谈时的情境气氛，如伴有适度的笑声，则语气语调作用将大为提高。

3. 音量的控制也是电话交谈应该注意的问题。交谈时音量过小对方可能听不清楚，音量过大又可能听起来刺耳生硬。

# 接到打给上司的电话

1. 办公室人员接到打给上司的电话时，要注意应酬。

2. 不可贸然将听筒交给上司，此时应设法诱导对方说出姓名、单位，再施缓兵之计，以看看上司在不在为由暂停对话，借机征询上司的意见。

3. 若上司抽不出时间或不愿与其对话，可以用"上司外出"之类为理由加以推托："很抱歉，主任刚好不在，有什么事可以让我转达吗？"

# 打错电话的言语处理

1. 接到打错的电话，有的往往表现出不耐烦，甚至责怪对方一通，这是一种不礼貌的行为。

2. 可以这样说："这是××单位，电话是×××××，你打错了吧？"打电话的人明白对方不是自己要找的单位，也不能"咔嚓"一声就挂断电话。有的人得知打错了电话，嘟弄一声"倒霉"就更不应该了。正确的做法是说声"对不起，我打错了，再见。"

# 代接他人电话

1. 接到传呼他人的电话时，不要冒昧地追问对方的身份、工作单位、与接话人的关系。

2. 如被传呼人外出，可礼貌地问一声："有什么要紧事吗？方便的话我可以转达。"并将自己的姓名以及与被传呼人的关系通报给对方。若对方回答："没关系，我以后再联系。"接电话的人也就不要勉强。

# 应付"马拉松式电话"的技巧

"马拉松式"的电话，聊起天来没完没了，占用太长时间。陪着聊天，时间耽误不起，挂断电话又担心得罪对方，此时可撒个善意的谎言："哎哟，都快××点了，真不巧，我有事得马上出去一趟，咱们有时间再聊。"

# 其他礼节

1. 接电话的人一般应在听到完整的一次不超过两次铃响声后，立即拿起听筒。不要让铃声久响后，才慢腾腾接电话。

2. 在电话机旁最好准备一本电话记录本和一支笔，以节约时间和防止遗忘重要事务和电话号码。

3. 使用公用电话时，尽可能缩短通话时间。

4. 一般而言，打电话的人也是主动结束谈话的人。但与长辈通话时，则要等对方放下电话筒然后才挂断。话说完了也不宜当即"咔嚓"，而应隔一个呼吸的时间再挂断。

5. 估计通话时间较长时，为避免给对方带来不便，可先问一声："您现在方便说话吗？"

6. 给地位高的人打电话时，一般应先说："请接×××的秘书。"

# 移动电话，注意安全

1. 注意移动电话本身的安全。如丢失或被盗、电话号码的秘密性和手机在充电过程中有可能自燃爆炸等。

2. 在使用移动电话时有可能对自己或外界造成的不良影响，比如在驾驶时打移动电话会分散注意力，可能导致交通事故的发生。

3. 在加油站、乘坐飞机时，使用手机都受到限制。移动电话在通话时产生高强度的辐射，在加油站使用手机可能引起火灾；在飞机上

**养成好习惯**

中职生不能在学校携带手机。

（1）使用手机会影响课堂纪律。

（2）作为靠父母供养的消费者，使用手机既增加父母的负担，也会给人轻浮、摆阔的印象。

（3）学校人员比较复杂，容易被盗，不仅会造成经济损失，还会影响同学之间的友谊。

使用会对飞机的导航系统造成不同程度的干扰，所以在加油站和乘坐飞机时不能使用移动电话。

测一测

1. 移动电话的使用应该注意哪些安全问题？
2. 模拟设计一次给他人打电话的过程，设计一份"通话内容方案"。

## 通话内容方案

| 通话人姓名 | | 电话号码 | |
| --- | --- | --- | --- |
| 单　位 | | | |
| 问候语<br>（所需时间：　） | | | |
| 寒暄语<br>（所需时间：　） | | | |
| 主要内容<br>（所需时间：　） | | | |
| 结束语<br>（所需时间：　） | | | |

# ▶ 空间礼仪

每一个人都有既适合环境，也适合自己的"小世界"、"领土范围"，这个环境是随着人际疏密环境改变的。如果他人越界，而进入属于某人在一定条件下的空间范围时，他就会局促不安，就会反抗等。

因此，保护自己的人际空间，尊重和爱护他人的人际空间，从而维护自己和他人尊严、人格是公关礼仪的重要内容之一。

## 人际交往，需留空间

空间，是指人们在交往时，特别是一个人与另一个人、个体与群体、群体与群体交往时，因彼此的关系不同、周围的环境不同，而无形中感到彼此间应保持的一般特定的距离。

你在走路时，有一人逐渐向你靠近，离你越来越近，你会紧张起来，加快脚步躲开。把缩短的距离重新拉大，这说明每个人都需要属于自己的一定空间并竭力维护它，这个空间就是交往空间。

### 延伸阅读

人们在交往中，会根据场所、交往双方的关系以及身份不同，自然而然保持一种特定的距离。例如两个异性的陌生人在野外散步，彼此间要保持10米以上才会觉得安全、放心；如果在一张椅子上有一人坐下，另一人会在远离的一端坐下，如果有人紧挨着他坐下，他会本能地挪开。假如你和朋友坐在餐桌的对面，如果你将餐桌的菜单、杯子等向他推去，你会发现他刚开始会不安地以身子后仰的方式"躲避"，然后会找准机会将桌上的东西大致放回原位。这些都说明人无论在任何情况下都会有一个属于自己的空间，在这个空间允许下的限度才会显得自信和安全。

# 常见空间距离

1. 亲密距离

恋人之间、夫妻之间、父母子女以及亲朋之间的交往距离。可分近位和远位。

近位在0～15厘米，远位15～46厘米。

在公共场合，除了客观条件拥挤的场合外，异性切忌进入这一空间；否则是对对方的极不尊重，也会引起对方的厌恶甚至恐慌。

2. 私人距离

这是一个更有"分寸感"的交往空间。

近位在46～76厘米，远位76～122厘米。

近位私人距离：即双方要把手伸直才可能触及的距离。在酒会的人际交往中较常见，谈话双方会有亲切感。

远位私人距离：这一距离开放性较大，亲密朋友、熟人可随意进入这一区域。

3. 社交距离

这是超越亲朋、熟人关系的社交距离。这个距离体现的是一种社交性较正式的人际关系。

近位：1.22～2.13米；远位：2.13～6.1米。

近位社交距离：适合在工作场合，领导对下属谈话，布置任务、交待工作、听取汇报或客户间商谈事务，陌生人之间，一般保持这个距离。

远位社交距离：这是正式社交场合，商业活动、国事活动等所采用的距离，以体现其正式性和庄重性。

4. 公众距离

这是人际接触中界域观念的最大距离，是一切人都可自由出入的空间。

近位：6.1~8米；远位：8米以外。

近位公众距离：这是小型活动的讲话人与听众之间，或教师讲课学生听课之间的距离。

　　远位公众距离：是大型报告会、听证会、文艺演出、演员与听众、观众之间应当保持的距离。以增强其权威性的同时，也增强安全感。

　　5. 空间位置

　　空间位置是指交往者之间的座位所产生的媒介效果。

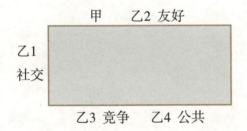

　　在办公桌前，甲和乙交谈，乙可以采取四种不同的位置，相对甲来说，乙1是社交位置，乙2是友好位置，乙3是竞争位置，乙4是公共位置。每个人可根据情况来确定座位。

# 空间距离因情况而变

　　1. 以上讲的四种空间距离，只是人际交往的大致模式，并不是一成不变

的。人际接触的具体空间距离是根据具体情况，特别是人的情感因素的变化而变化的。因此，具体的空间距离总是具有一定的伸缩性和可变性。

2. 影响距离的伸缩与变化的主要因素可能有民族传统、性别、地位、年龄、性格、情绪、环境等。

测一测

请观察周围的人及结合自身情况，看看在空间距离礼仪方面，还有哪些地方没做好？应该怎样纠正，请举例说明。

## ▶ 公共场所礼仪

公共场所礼仪体现社会公德。在社会交往中，良好的公共礼仪可以使人际之间的交往更加和谐，使人们的生活环境更加美好。公共场所礼仪总的原则是：遵守秩序、仪表整洁、讲究卫生、尊老爱幼。

# 图书馆礼仪

1. 要注意整洁，遵守规则。不能穿汗衫和拖鞋入内。注意图书室对学生的开放时间，把握好学习时间。

2. 借书证一人一证，不能随意转借他人。借阅相关专业或文艺类书籍册数，按本校规定借阅。

3. 在图书室规定的借阅期限内归还，不得随意拖延还书时间，以免影响其他同学借阅学习。

4. 要遵守阅览规则。保持室内安静和清洁，切忌大声说话或在座位上交谈，以免影响他人学习与思考。也不能携带食物和随地乱扔果皮纸屑、乱吐痰。在图书室严禁吸烟。

5. 现刊阅览室的读者较多，早来者不能事先抢占座位。借阅的杂志不得带出阅览室，看完报纸须整理好后放回报架，不得乱扔。

6. 借阅图书时，要看清注意事项和索书条上的要求，先查清图书分类目录，再将索书单上的顺序号和分类号填好，递交索书单后要耐心等一会儿，不要催促管理员。

7. 图书是历史的档案，知识的载体，有图书在，一切就有源可寻，所以爱护图书十分重要。因此，不要对借阅的图书勾画重点或作标记，也不要有折角。更不允许将自己要的资料、图片撕下或"开天窗"。如有需要，可在经得管理员同意并办理相关手续后借出复印。如有损坏或遗失，将按一定规定赔偿并处以罚款。

# 博物馆礼仪

1. 到博物馆参观展览，要严格遵守社会公共秩序。排队进场时不能拥挤。进场后不可大声喧哗、东奔西跑，要顺着人流自然行进。

2. 讲解员讲解时，要认真听，但不要拼命往前挤。

3. 在参观文物或作品时，要注意遵守场内纪律，绝不可伸手随便触摸，隔着玻璃柜时，注意不要压碎玻璃。

4. 在写着"请勿拍照"的牌子旁边，就不要拍照。

# 电影院的礼仪

1. 准时入场

作为观众，应在开映前几分钟进场入座。如果迟到，应在工作人员的引导下，放轻脚步尽快地入座，尽量不要妨碍他人观看。进入座位时，同排观众给自己让路时要点头致意或轻声道谢。

2. 坐姿稳定

在观看影剧的过程中，上身要坐端正，不要随时左右晃动，遮挡了后排观众的视线。如戴有帽子，要自觉摘下。此外，也不要把脚伸到前排观众的座位上去。

3．不能随地乱扔果皮纸屑，也不能吸烟

在影院观看期间最好不要嗑瓜子，一是有响声影响别人观看，二是会产生很多垃圾。即使吃零食，也要用袋子将果皮纸屑装好，待电影结束后扔到垃圾筒。

在影院绝对不能吸烟。影院的封闭性很强，这样会污染空气，严重影响自己和他人的健康。

4．不谈笑喧哗，也不高声发表议论

当演出特别精彩时，可喝彩、鼓掌，但不要吹口哨、跺脚或发出狂叫。

5．遇到意外情况时，要自觉维护影院的秩序

如果观看电影过程中，遇着烧片或场内中途停电时，要在原位静坐耐心等候，不喧闹、不吹口哨、不抽烟和随意走动。

# 游览名胜古迹的礼仪

1．出游前先作了解

可在出游前通过一些旅游书籍或相关网站先作了解，以增加出游时的兴趣和收获。

2．看的过程要有积极的态度，不要走马观花

对名胜古迹的介绍，以及题词、匾额、对联、书画等不要轻易放过。同时可尽量收集一些文字介绍资料，了解这些知识对自己的参观游览有很大帮助。

3．要保护文化遗产

不能在文物古迹上乱刻画，也切忌为了拍照留影而攀爬或进入禁止区域。

4．供游人休息的长椅不宜一个人躺下睡觉或休息

5．切忌在园区内随地乱扔果皮纸屑

6．服从组织者的安排

如果是由班级或学校组队外出集体参观，一定要按老师指定时间、地点集合，中途也要注意不要随处乱跑，切忌不能因个人贪玩误时而让同学、老师担心。

延伸阅读

　　黄山玉屏楼前文殊洞上的迎客松，是一棵闻名世界的古松，已存活了1200多年，来自五大洲的朋友无不在迎客松前摄影留念。敬爱的周恩来总理生前曾嘱咐，迎客松是我国的一棵宝树，要好好保护。但有个别旅游者竟然用刀子在这颗古树上削去一块树皮刻字留念，这是十分不道德的行为。

# "一米线"礼仪

　　现在，很多单位在办理业务时，会实行"一米线"制度。"一米线"制度是指在很多人排队办理业务过程中，当一个人在办理时，后面的人则应等候在一米之外，以尊重他人的隐私。而在我国，目前这样的"一米线"制度则经常不为人遵守。

　　"一米线"实际上要求的是对别人隐私权的尊重，对公共秩序的遵守，它是基于道德标准而提出来的一项措施，体现着社会文明的进步。"一米线"就像一面镜子，从中折射出人们的公德意识。它同时又是一把尺子，悄然地丈量着人们的文明程度，考验着人们的道德素质。

　　目前，在机场、银行等窗口均设"一米线"，但很多同学都没有注意其间的礼仪。我们要自觉遵守：

　　1. 到窗口办事要做到自觉排队，不管是人多还是人少的时候。

2．未轮到自己时，主动站到一米线之外，以尊重别人的隐私。

3．等候时要主动回避别人输入密码和具体事务的办理，切忌等候无事就目不转睛地盯着别人看。

4．在自动提款机前，有的没有设黄色的一米线，但也要自觉遵守这个不成文的规则。

# 斑马线礼仪

1．斑马线，道路交通最常见的一个标志，是行人穿越道路的保障线。所以过马路时一定要走斑马线，并严格遵循交通规则：红灯停、绿灯行。

2．斑马线是行人的安全岛，驾驶车辆行经斑马线，一定要减速或停车，礼让行人先行。

# 使用公厕的礼仪

1．入厕前

（1）如果有人在使用公厕，后来者要在规定的区域内排队等候。

（2）保持厕内的卫生，不随处吐痰，手纸用后放进纸篓。

（3）上厕所时要关门，以免使自己或他人难堪。

2．入厕后

（1）用完公厕后要放水冲洗，方便随后使用的人。

（2）用完厕所出来时，请将门敞开，以免后来人误会而在外等候。

（3）便后洗手要小心，弄得到处都是水是没有修养的表现。

测一测

1. 找出自己行为习惯中不符合公共场所礼仪要求的地方，制订改正措施和计划。

| 不符合公共场所礼仪要求之处 | 改正措施和计划 |
| --- | --- |
| （1） | |
| （2） | |
| （3） | |
| （4） | |
| （5） | |

2. 请对照一米线礼仪、斑马线礼仪，自省自问，我每次都遵守这些礼仪规则了吗？如果没有，今后应该怎样改进？

第三章

# 校园礼仪

*Xiaoyuan liyi*

开篇故事

## 吉姆·佛雷的成功秘笈

连高中都没读过的吉姆·佛雷，在他46岁那年就已拥有四所大学颁给他的荣誉学位，并且担任民主党要职，还担任了美国邮政局首长的职位。

有一次记者问起他成功的秘诀是什么，他说："辛勤工作，就这么简单。"记者有些疑惑地又问说："你开玩笑吧！"

他便反问道："那你认为我成功的原因是什么呢？"

记者说："听说你可以一字不差地叫出1万个朋友的名字。"

他立即回答道："不，你错了！我能叫得出名字的人，少说也有5万人。"

这就是吉姆·佛雷的成功之处，也是他的过人之处。每当他刚认识一个人的时候，他会先弄清他的全名、家庭状况、从事的工作以及他的政治立场，然后据此先对他建立一个概略的印象。当他下一次再见到这个人时，不管隔了多少年，他仍能够迎上前去嘘寒问暖一番。

其实，吉姆在很早的时候就已经发现了，牢记别人的名字，并且正确无误地唤出来，是一件令人愉悦的事情。有人问一个成功的销售人员什么事情最让他高兴的时候，他说："当有人能够叫出我的名字的时候。"

# ▶ 校园基本礼仪

学校，是学习科学文化的殿堂，是莘莘学子幸福成长的摇篮，是播撒文明进步种子的"希望的田野"。这是一个充满朝气和活力的大家庭，既团结紧张，又严肃活泼。与之相适应，每位中职生都应有良好的礼仪行为规范。

## 进出学校礼仪

### （一）主动出示校牌或相应证明

为了锻炼学生的自我管理能力，保证学生拥有充足的学习时间，保持良好的学习心态，保证学生的人身和财产安全，很多学校实行了封闭式管理。因此，进出学校时，请主动出示校牌或相应证明。

校牌是对学生身份的说明和确认，指明该生姓名和所在学校班级。住校生在封闭时间段外出，根据学校有关管理规定，有的还需同时出示班主任或德育处开具的"外出证明"等手续。同时，还要注意按学校要求佩带校徽。

**延伸阅读**

校牌校徽是学校的象征，是在校生的标志，佩戴校徽可以提高学生的荣誉感和责任感，养成良好的遵纪守法习惯，形成良好的校风。要正确佩戴校徽，应佩戴于左胸上方，校牌要佩挂于胸前，不能随便乱挂，更不应该用卡通图片替代自己的照片。

### （二）接受门卫人员的检查指点

1. 进入学校因故未带校牌应主动向门卫人员说明，并由班主任或德育处老师证明后，方能进入学校，不得恼怒责骂门卫人员。

2. 进出校门衣冠整齐端庄，不能披头散发，要避免一些过于成人化的装扮。学生在校内外均不得穿拖鞋，女生不得穿高跟鞋、厚底鞋、奇装异服或细窄、露背及吊带服装，男生不得穿背心或坦胸露背进出学校。

3. 进出校门，如有某些举动不合校规的要求，如骑自行车时不按规定下车推行等，要虚心接受门卫人员的批评指点，不可有粗暴言行和其他恶劣表现。

4. 亲朋好友来访，需在门卫处作相关事项的登记并出示有效证件，待门卫人员同意后方可进入。

**延伸阅读**

学校规定学生在校内外参加集体活动时身着校服，这是优良校风的展现，也是学校培养学生注重礼仪的措施之一。穿着校服可以增强学生的团体意识，即集体主义精神；其次，便于学校的统一管理；还可以消除学生的攀比心理，培养学生衣着朴素的良好习惯。

### （三）仪容端庄大方，服饰整洁高雅

1. 对于尚处在求学阶段的学生，其仪容服饰，原则上应以朴素大方、活泼整洁为好。如果有校服的话，应按规定穿着校服。

2. 男生的发式宜留学生头，头发不宜过长，要经常修剪。切不能留长发，蓄小胡子。

3. 女生的发式以梳辫子、留短发为宜，不宜烫发。女生切忌化妆、佩戴首饰。

4. 中学生的服饰应色彩鲜明、线条流畅、明快简洁、不追赶时尚，更不宜穿紧、露、透的服装，以显示其朝气蓬勃的精神面貌。严禁佩戴时尚或奇形怪状的饰物。

5. 上体育课和进行户外活动时要穿运动装，以保证安全。

# 课堂与办公室礼仪

## （一）课堂礼仪

1. 课前的准备。课前提前两分钟到教室准备上课的用品以及调整好课前纪律。

2. 上课。上课铃响后，老师走上讲台，值日生喊："起立！"，全班同学应整齐地站起来，向老师行礼并呼："老师好！"。下课时，值日生仍然要喊："起立！"，待老师说完："同学们再见！"后，全班同学要向老师行礼并说："老师再见！"。

上课时认真听讲，善于思考。

**养成好习惯**

我们尊敬老师的10个理由：

教师是伟大培育者；

教师是爱的传播者；

教师是人生引路者；

教师是甘为平凡者；

教师是知识渊博者；

教师是赤心报国者；

教师是无悔奉献者；

教师是时代推动者；

教师是心灵塑造者；

教师是品德示范者。

老师开始上课后，如有个别学生迟到，应在教室前门站立好，先喊"报告"，待老师允许后方可进入教室。如教室门关着，应轻轻叩门。切忌未经老师许可，从后门偷偷溜进教室，这是对老师的极不尊重。

回答问题要先举手，切不可坐在座位上七嘴八舌地发言。

答问时，站姿、表情要大方，不搔首弄姿，更不做滑稽举止引人发笑。

别人回答问题时，不随意插话或讥笑。

当老师在课堂上说错了话或演算错了题的时候，学生应选择适当的时间、地点，以商量的口气，谦逊的态度向老师指出错处。

做练习和实验，要认真，勿喧闹，并严格遵守实验室、机房的规定。

### （二）进入办公室的礼仪

1. 学生进入办公室时，要先喊"报告"，征得老师同意后，方可进入。

2. 不能乱翻老师的东西。

3. 不在办公室过久停留，以免过多占据老师的时间。

4. 在与老师谈话时，要做到"五到"：

身到：站姿或坐姿端正，身体微微前倾，表示专注认真。

眼到：注视着老师，保持目光接触，不东张西望，心不在焉。

耳到：认真听老师讲的每一句话。

口到：不中途打断老师，让老师把话讲完，若不明白，或老师询问自己时，要及时做出反应。

心到：态度认真诚恳，用心体会老师所说的话。

5. 离开办公室时应向老师告别或致谢。

# 宿舍礼仪

对住校生来说，他们好比是生活在一个大家庭里，学习、生活及其他活动都是集体进行的。宿舍是他们的主要生活环境之一，因此除了要求每个学生自觉遵守住校生守则以外，还要注意宿舍礼仪。

### （一）宿舍生活准则

1. 遵守作息制度。按时就寝、起床，切勿在熄灯后大声喧哗或做其他事，影响他人休息。

2. 节约资源，爱惜公物。

3. 关心他人，重视安全。

4. 自觉维护集体生活秩序。

使用公共生活设备时，应尽量做到先人后己，礼让三分。随时考虑自己的各种行为是否影响或有损他人。比如不高声谈笑，不猜疑别人，上下床动作要轻，就寝后尽可能不开灯而用微型手电筒照明，听收音机或录音机音量要小或尽可能使用耳机。

### （二）宿舍礼仪

1. 保持寝室整洁。

2. 被褥要折叠整齐并常换常洗。蚊帐要张挂得美观，衣服、鞋要妥善地放在规定的地方。

3. 常洗衣服鞋袜，不将未洗的脏衣物乱丢乱放。

4. 重要物品或现金，应妥善保存。

5. 寝室内卫生用具用后要放回原处，离开寝室要关灯和关好门窗。

6. 寝室也是反映学生精神文明和礼仪修养的窗口，因此在寝室里不可乱叫别人绰号，不说粗口，不讲庸俗下流的故事。

7. 有事到其他寝室串门，一定要得到该寝室成员的允许后方可进入。

8. 在寝室接待亲友来访，事前应与同寝室的人打招呼。

## 食堂就餐礼仪

1. 自觉在食堂就餐，饭菜不应端进教学楼、宿舍楼，不得在寝室就餐（病号除外）。

2. 自觉维护就餐秩序，排队依次买饭，不得拥挤、插队和托人带饭。

3. 按学校规定时间进入食堂就餐，不得提前到食堂就餐。

4. 节约粮食、讲公德、讲卫生，不得随地乱丢饭菜。

5. 不能在就餐时间吵嘴打架，同学间发生矛盾时，应请值班老师解决。

6. 违反食堂纪律的同学，要听从值班老师的劝阻。

7. 为了安全起见，所有就餐人员一律不能随意进入厨房工作间。

8. 尊重炊管人员，对炊管人员有意见，应通过组织层层反映，不得无理取闹或打骂炊管人员。

# 自习课礼仪

1. 自习课也是课，也应该遵守课堂纪律。

2. 应按照老师的安排，完成规定的学习任务。要注意保持教室学习环境的安静，如果需要和其他同学讨论，最好用耳语，不要影响其他同学学习。

3. 不要随便离开座位、到处走动，更不能在教室做与学习无关的事情。要保持教室安静、整洁、有序的学习环境。

# 活动与集会礼仪

校内开展活动形式多样，如报告会、演讲会、知识竞赛、歌咏比赛、文体表演比赛等，一般规模都较大，参加的人数较多。因此，每个参加者都要

顾全大局，遵守礼仪。

### （一）集会前的礼仪

1. 遵守时间。

2. 行动要迅速。

3. 按指定位置入座。

### （二）集会中的礼仪

1. 不随意走动或发出声响。

2. 注意力集中，自始自终保持良好的状态。

3. 切忌在台下议论纷纷、起哄、喝倒彩。

### （三）散会时的礼仪

1. 在主持人未宣布散会时，不要匆匆离开会场。

2. 按主持人的安排，有秩序地退场，做到有始有终。

3. 退场时切勿拥挤。

# 观看演出的礼仪

### （一）提前入场

作为啦啦队，要提前至少半小时左右到达指定地点，并服从会场总导演的指挥，对会场气氛调节方式进行演练。演出开始之前，可以团队形式集体

拉歌，呼口号，以调节会场的气氛和起到宣传作用。

### （二）看演出中途不宜退场

看演出中途不宜退场。中途退场是对演员的不尊重，也不要喝倒彩。

### （三）要尊重演员的劳动成果

一个节目终了，要热烈鼓掌。但切忌演员最后几句道白还没说完，或者乐曲最后几小节还未结束就鼓掌，这种情况就跟随便打断别人说话一样不礼貌。

**延伸阅读**

美国总统罗斯福的夫人有一次去看一场钢琴演奏会，在演出期间她接到了白宫打来的加急电话，当时罗斯福总统病得很重。罗斯福夫人已隐约猜到了总统的情况很不好，但她没有立即退场，而是在钢琴家演奏完一曲后，当面向钢琴家道歉后才离开……

# 观看运动比赛的礼仪

学校经常举办运动会、篮球、羽毛球、乒乓球等全校性的比赛活动，啦啦队要做到文明助威，以下几点要注意：

### （一）要为双方的运动员鼓掌喝彩

你可以为本队或喜欢的一方叫好，但切忌因此而辱骂另一方。

### （二）不管是本班组织的还是自发组织的拉拉队，要做到有组织和统一指挥

赛场内允许使用锣鼓、乐器时，不能一股劲地乱敲乱奏，让运动员在高分贝的噪音中比赛，反而会影响他们正常水平的发挥。

### （三）啦啦队使用的标语、口号要有所选择，做到内容健康

### （四）观看时要站在指定的场所

不能因比赛精彩而一味向前拥挤，更不能站到线内的比赛场地，这样会严重影响比赛情况，也容易误伤自己。

### （五）比赛过程要服从裁判的裁决

不能因比赛输了而迁怒于裁判或队员，如有疑问可下来找裁判商量。切忌因此冲动而找裁判或队员的麻烦。

# 参加运动比赛的礼仪

### （一）讲究赛场风度

一个具有良好风度的运动员，要能经受运动场上各种情况的变化，泰然自若地去应付一切。切忌随意发火、动怒，或抱怨队友的失误，只能赢不能输，替自己的过失辩解，或辱骂对方和裁判，都是作风不正的表现。

### （二）尊重裁判

在体育比赛中，裁判是主持公道的唯一标志，要相信裁判，尊重裁判。

### （三）正确对待比赛结果

体育比赛总有胜负，获胜者切忌过分骄傲和炫耀，或看不起对手。不论你心目中对方是多么差劲，都应该向对手说："这一场比赛非常精彩。"比赛中输了，不要刻意制造种种托词，要敢于接受失败，只要尽了最大的努力，就可分享到比赛中的乐趣。因此，别忘了诚恳地向你的对手——获胜者道贺。

1. 想想自己在课堂上有没有不礼貌的行为？是哪些行为？能帮你的同学纠正一下他（她）不礼貌的地方吗？

2. 你是一个尊重老师的学生吗？"是"表现在哪些地方？"不是"表现在哪些地方？

## ▶ 升旗仪式上的礼仪

学校的升旗仪式，一般在每周星期一早晨举行，重大节日或纪念日也要举行升旗仪式，它是对学生进行爱国主义教育形象而生动的好方法。

## 基本要求

### （一）端正肃立

当升旗、奏（唱）国歌时，要立正、脱帽、行注目礼，直到升旗完毕。

### （二）神态庄严

当五星红旗徐徐升起时，象征我们的祖国蒸蒸日上，欣欣向荣，在场的人行注目礼，心中油然产生一种以天下为己任的使命感。

### （三）保持安静

升国旗时，不仅要求队列整齐，而且必须保持安静，自由走动、嬉闹说笑或东张西望，都是对祖国的极大不恭。

### （四）行注目礼

立正站好、抬头、挺胸，两眼注视国旗，背挺直，直到国歌奏完，才礼毕。

# 注意事项

1. 守时，按规定时间提前五分钟到达。

2. 着装整齐，按学校规定要求统一着校服。

3. 不能佩戴墨镜或打伞。

4. 在校外，无论何时何地，只要遇到举行升旗仪式，都应马上肃立，面向国旗，行注目礼，待升旗仪式后再行走。

对照升旗仪式上的礼仪，看看我们是否都做到了？还有哪些细节忽视了，今后应该怎样改进？

## ▶ 网络礼仪

真实世界中，人与人之间的社交活动有不少约定俗成的礼仪，在互联网虚拟世界中，也同样有一套不成文的规定及礼仪，即网络礼仪，供互联网使用者遵守。

# 网络礼仪的基本准则

1. 记住别人的存在

互联网给来自五湖四海的人们一个共同的地方聚集，这是高科技的优点。但往往也使我们面对电脑荧屏忘了我们是在跟其他人打交道，我们的行为也因此容易变得更粗劣和无礼。因此《网络礼仪》第一条就是"记住别人的存在"，与别人当着面不会说的话，在网上也不要说。

2. 网上网下行为一致

在现实生活中大多数人都是遵法守纪的，在网上也应同样如此。网上的道德和法律与现实生活是相同的，不要以为在网上与电脑交易就可以降低道德标准。

3. 入乡随俗

同样是网站，不同的论坛有不同的规则。在一个论坛可以做的事情在另一个论坛可能不能做。比方说在聊天室发布传言和在一个新闻论坛散布传言后果是不同的。

最好的建议是先看一下别人的发言内容再发言，这样你可以知道论坛的气氛和可以接受的行为。

4. 尊重别人的时间和带宽

在提问题以前，先自己花些时间去搜索和研究。很有可能同样问题以前已经问过多次，现成的答案随手可及。不要以自我为中心，别人为你寻找答案需要消耗时间和资源。

**5. 给自己网上留个好印象**

由于网络的匿名性质，别人无法从外观来判断你，因此网上一言一语就成为别人对你印象的唯一判断。如果你对某个方面不是很熟悉，找几本书看看再开口，无的放矢只能落个"灌水王"的帽子。同样地，发帖以前仔细检查语法和用词，更不要故意挑衅和使用脏话。

**6. 分享你的信息**

网上交流，除了通过回答问题获得信息分享以外，还包括当你提了一个有意思的问题而得到很多回应，特别是通过电子邮件得到的信息，阅读之后应该写份回复与大家分享。

**7. 平心静气地争论**

争论大战是正常的现象，要以理服人，不要人身攻击。

**8. 尊重他人的隐私和成果**

（1）别人与你用电子邮件或私聊的记录应该是隐私的一部分。如果你认识某个人用化名上网，在论坛未经同意情况下，将他的真实姓名公开也不是一个好的行为。

**养成好习惯**

美国的计算机协会 (The Association of Computing Machinery) 是一个全国性的组织，它希望其成员支持下列一般的伦理道德和职业行为规范：

（1）为社会和人类作出贡献；

（2）避免伤害他人；

（3）要诚实可靠；

（4）要公正并且不采取歧视性行为；

（5）尊重包括版权和专利在内的财产权；

（6）尊重知识产权；

（7）尊重他人的隐私；

（8）保守秘密。

（2）如果不小心看到别人打开电脑上的电子邮件或秘密，不应该到处传播。

（3）不能窥探别人计算机的文件，或利用计算机进行偷窃、作伪证。

（4）不能未经许可而使用别人的计算机资源。

（5）不能盗用别人的智力成果。

**9. 不要滥用权利**

管理员版主比其他用户有更多权利，但应该合理使用这些权利，游戏室内的高手应该对新手手下留情。

**10. 宽容**

我们都曾经是新手，都会有犯错误的时候，当看到别人写错字，用错词，问一个低级问题或者写篇没必要的长篇大论时，你不要在意。如果你真的想给其建议，最好用电子邮件私下提议。

# 收发电子邮件的礼仪

**（一）撰写和发送**

（1）在电子邮件的"主题"或"标题"一栏，一定要写清楚信件的主题或标题，以免什么都没写，对方误认为是恶意邮件而将其在没被打开之前就删除了。

（2）在撰写内容时，应遵照普通信件或公文所用的格式和规则。邮件正文要简洁，不可长篇大论，以便收件人阅读。用语要礼貌，以示对收件人的尊重。

（3）在写有关英文电子邮件时，不能全部采用大写字母。

（4）如果你在发信时还另外加了"附件"，一定要在信件内容里加以说明，以免对方不注意时没看到。

（5）电子邮件跨地区甚至跨国都是在点击之间，一定注意不要在无意间泄露了商业机密、国家机密，而造成无可挽回的损失。

**（二）接收和回复电子邮件**

（1）应当定期打开收件箱查看邮件，以免遗漏或耽误重要邮件的阅读和回复。

（2）一般应在收到邮件后的当天予以回复，如果涉及较难处理的问题，要先告诉对方你已收到邮件，来信处理后会及时给以正式回复。

（3）对于那些标题是稀奇古怪或者干脆没有标题、发信人的，不要出于好奇而随便打开。在各种病毒肆虐的今天，"中毒"的几率实在太高了。

**（三）注意保存和删除电子邮件**

（1）信箱空间有限，现在有些网站还对邮件设置了自动删除功能，因此定期整理收件箱，对不同邮件分别予以保存和删除非常重要。

（2）对于有价值的邮件，必须保存，或者在复制后进行专门保留。

（3）对于和公务无关的垃圾邮件，或者已无实际价值的公务邮件，要及时删除。

# 查阅信息的礼仪

### 1. 目标明确

　　对于所需查找的内容和相关网址,应提前做好准备,有明确的目标,以便上网后直奔"主题"。特别是不能登录色情、反动网站,要充分认识网络世界的的虚拟性、游戏性和危险性,要上内容健康的网站。很多色情、反动网站还另有黑客程序,只要打开一次后,一些黄色、反动内容、语句、图片,会自动下载到用户电脑里、桌面上,如果对电脑不够精通,根本删不掉。

### 2. 用语规范

　　在网上与人交流时,应当用规范语言,不得以为别人看不到你而随便使用攻击性、侮辱性的话。

### 3. 自我保护

　　为维护自身及单位形象,不要以单位或部门名义在网上任意发表个人对时事的见解,尤其不能泄露商业机密、国家机密。不要随便在网上留下单位电话、个人联系方式、个人消息，以免被骚扰。尽量避免谈及涉密的相关话题，尤其是国家机密和商业机密，更不能故意泄密。

4．制止犯罪

"黑客"往往凭借其高超的计算机知识和网络操作技能，进入一些单位的服务器，或擅改程序，偷窥机密，造成网络混乱，并从中谋利。我们必须正确使用网络技术，既不能充当"黑客"，同时又必须防范"黑客"。对于利用网络进行犯罪的事实，知道后应该及时向公安机关举报。

**测一测**

1．作为一名中职生，你遵守网络礼仪的基本准则了吗？网络安全，你有安全防范意识吗？

2．读一读

网络不良信息的预防

（1）要上内容健康的网站。

（2）要充分认识网络世界的的虚拟性、游戏性和危险性。

（3）要保持正确对待网络的心态，遵守网络文明公约。

（4）要增强自控能力，上网场所要择优，上网时间要适度。

（5）要加强自我保护，防止遭受非法侵害。

（6）注意躲避网络陷井。

# 第四章

# 家庭礼仪

*Jiating liyi*

## 待客有道

　　星期天，爸爸妈妈有事出去了，小·华和妹妹在家，这时，门铃响了，妹妹动作快，跑过去开门了，原来是爸爸的同事李叔叔来找爸爸，妹妹说："爸爸不在。"就要把门关上。小·华快步向前赶紧把客人让进家，请他到客厅坐下，并且倒了杯茶、双手递给客人。李叔叔很高兴，直夸小·华懂事。懂得待客、做客之道，是一个人良好品德修养的表现。

## ▶家庭称谓

　　家庭是社会的重要细胞，是社会重要组成部分，是人生的第一所学校，是我们人际交往的起始点。从与我们最亲近的家人相处中，开始学习做人的礼貌，并不断提高自身的修养，做一个文雅、得体、备受欢迎的人。

## 对长辈的称谓

### 1. 父系长辈

| 家庭成员 | 称　呼 | 自　称 |
| --- | --- | --- |
| 父亲的祖父、母 | 曾祖父、曾祖母（老爷爷、老奶奶） | 曾孙、曾孙女 |
| 父亲的父、母 | 祖父、祖母（爷爷、奶奶） | 孙、孙女 |
| 父亲的兄、嫂 | 伯父、伯母（大爷、大娘） | 侄、侄女 |
| 父亲的弟、弟媳 | 叔父、叔母（叔叔、婶婶） | 侄、侄女 |
| 父亲的姐、妹 | 姑母（姑姑、孃孃） | 内侄、内侄女 |
| 父亲的姐夫、妹夫 | 姑父（姑夫） | 内侄、内侄女 |

### 2. 母系长辈

| 家庭成员 | 称　呼 | 自　称 |
| --- | --- | --- |
| 母亲的父、母 | 外祖父、外祖母（外公、外婆） | 外孙、外孙女 |
| 母亲的兄、弟 | 舅父（舅舅） | 甥、甥女 |
| 母亲的嫂、弟媳 | 舅母（妗） | 甥、甥女 |
| 母亲的姐、妹 | 姨妈（姨姨、孃孃） | 姨侄、姨侄女 |
| 母亲的姐夫、妹夫 | 姨妈（姨父、姨爹） | 姨侄、姨侄女 |

### 3. 夫系长辈

| 家庭成员 | 称 呼 | 自 称 |
| --- | --- | --- |
| 丈夫的祖父、母 | 祖翁祖姑（爷爷、奶奶） | 孙媳妇 |
| 丈夫的父、母 | 父亲、母亲（公公、婆婆） | 媳妇 |
| 丈夫的伯父、母 | 伯父、伯母（大爷、大娘） | 侄媳妇 |
| 丈夫的叔父、母 | 叔父、叔母（叔叔、婶婶） | 侄媳妇 |

### 4. 妻系长辈

| 家庭成员 | 称 呼 | 自 称 |
| --- | --- | --- |
| 妻子的父、母 | 岳父、岳母（爸爸、妈妈） | 婿、女婿 |
| 妻子的伯父、母 | 伯父、伯母 | 侄婿 |
| 妻子的叔父、母 | 叔父、叔母（婶婶） | 侄婿 |

# 对平辈的称谓

### 1. 夫系平辈

| 家庭成员 | 称 呼 | 自 称 |
| --- | --- | --- |
| 兄、嫂 | 哥哥、嫂嫂 | 弟妹 |
| 姐、姐夫 | 姐姐、姐夫（姐丈） | 弟弟、内弟妹 |
| 弟、弟媳 | 弟、弟妹 | 嫂 |
| 妹、妹夫 | 妹妹、妹夫（妹丈） | 嫂、内嫂 |
| 伯、叔的儿子 | 堂兄或堂弟 | 弟妹或嫂 |
| 伯、叔的女儿 | 堂姐或堂妹 | 弟妹或嫂 |
| 姑舅姨的儿子 | 表兄或表弟 | 表弟妹或表嫂 |
| 姑舅姨的女儿 | 表姐或表妹 | 表弟妹或表嫂 |
| 姑舅姨的儿媳妇 | 表嫂或表弟妹 | 表弟妹或表嫂 |

## 2．妻系平辈

| 家庭成员 | 称　呼 | 自　称 |
| --- | --- | --- |
| 妻子的兄、弟 | 内兄、内弟（哥哥、弟弟） | 妹夫、姐夫 |
| 妻子的姐、妹 | 姐姐、妹妹 | 妹夫、姐夫 |
| 妻子的姐夫妹夫 | 襟兄、襟弟 | 襟弟、襟兄 |

　　记住家庭称谓了吗？请列举5～8种自己家庭或至亲之间各种关系称谓，并说给同学和家人听。

## ▶家庭成员间的礼仪

家庭是我们人生的第一个港湾，我们在其中受到孕育，受到庇护，并开始了航行人生大海的准备。从这个意义上讲，家庭生活也是社会生活的提前训练。只有从家庭生活中，从与我们最亲近的家人相处中，开始学习做人的礼貌，并不断提高自己的修养，养成文明的习惯，才可能进而在社会上做一个文雅、得体和备受欢迎的人。

## 中职生对家人讲礼貌不是假客气

在对待陌生人之间或对待家庭成员以外的人的态度问题上，很多人会自觉地注意礼仪修养。但有人觉得，对自己的家人或熟悉亲近的人，似乎就没有讲礼仪的必要了。这种观念当然是错的。家人之间虽然存在特殊的亲情联系，但一样有讲礼貌的必要。这不是什么虚情假意，也不是什么假客气，而是我们最起码的礼貌，是正常的感恩，是健康的人性，是对家人真心诚意的尊重。

有相当一部分中职生对家人往往不讲礼貌，不注意尊重父母长辈。例如在家不喊爸爸妈妈，不喊爷爷奶奶，只是随口"喂、喂"地叫唤；家人正在津津有味地看电视，遇到他不喜欢的节目，也不征得大家同意，便自作主张，更换频道；父母劳累了，需要安静休息一会儿，他却把收录机开得震天响，满屋子都是强烈的迪斯科音乐；父母身体不适时，不关心，不体贴，不知问寒问暖；有些同学在家简直就像一位土皇帝一样，自己能干的丁点小事也要指使家人干……

# 尊老爱幼是一种传统美德

尊老爱幼是我们祖国的优秀传统，是一种高尚美德，我们每个中职生都应该尊老爱幼。

## 中职生要学会孝敬父母

和颜悦色是我们对父母发自内心的尊重，孝敬父母的第一个礼仪从和颜悦色地对父母说话开始。中职生对父母的孝还要体现在善于说家庭礼仪的语言，多说点温暖父母的知心话，要做到四多两少。

四多：

多一点称谓。没事就多称呼一下爸爸，妈妈，那就是孝顺。

多一点敬语。称呼父母要用"您"。我们上下有别，下级称呼上级要称"您"，晚辈称呼长辈也要称"您"，用"您"称呼父母的时候，让父母感到备受尊重。

多一点问候。不要觉得问候太虚了，这绝对不虚，它恰恰是人际关系的粘合剂。人与人之间正是有了那样的交流才显得亲密无间。"爸爸妈妈身体

好吗"、"要多穿一点哦"、"要多吃点好的东西"、"注意保养自己"，多一点问候，让父母感受你的温暖。

多一点赞美。父母多么希望在儿女心目中得到一份认可，因为他们一生的操劳，儿女是他们最大的结晶。他们希望结晶能够认可这个塑造者。于是我们在和父母交谈的时候要给他们多一点赞美。

两少：

少一点要求。不要要求父母跟我们一样，要理解父母、顺着父母。什么叫孝？孝顺孝顺以顺为孝。事事都要顺着父母，家里又没有什么过分讲求原则的事，只要让父母健康开心就好。

少一点争执。我们和父母在一起的时候，父母总会拿自己的人生经验来教育我们。这时候作为子女的，往往第一反应是腻烦。其实我们要做到两个理解：第一理解父母的苦心，不管父母说的对或是不对，他们的初衷应该是好的，我们要表示感谢。要向父母表示，我都这个年龄了还要让您操心真的很惭愧。第二理解父母的经验应该对我们有借鉴意义。我们常常会用时代不一样了，说法不一样了，标准不一样了，来回绝父母对我们善意的提醒。不要忘了人类不论怎样发展，世界无论怎样发展，人性本身的变化都是最缓慢的。

# 家庭成员间最基本的礼仪要求

在家庭中，成员彼此之间应相互尊重，讲究礼貌，互相体贴关心，彼此宽容体谅，以礼相待。

（1）回家或外出一定要给父母打招呼。

（2）尊重对方的意见和看法，尊重父母长辈的教导。

（3）长辈给予自己帮助后，要善于表示感谢。

（4）孝敬父母长辈，主动关心体贴父母，承担力所能及的家务劳动。比如：择菜，烧饭，洗碗等。

（5）不要随时向父母要零花钱，生活要朴实节俭。

（6）记住在父母、长辈生日和节日时发个短信或打个电话，送上温馨的祝福或者礼物。

（7）现在的学生大多都是独生子女，但有堂兄妹，表兄妹，正确处理好兄弟姐妹之间的关系也很重要，有助于家庭氛围的融洽。兄弟姐妹之间相处应该互相体贴关心，互相帮助，互相谦让。

**延伸阅读**

### 家庭文明礼仪歌谣

文明礼仪进万家，和谐幸福你我他。出门主动讲去向，征得同意走不迟。
临别不忘说再见，回家时间要告知。信守承诺及时归，迟归记住道原委。
进门不忘打招呼，长辈询问细回答。按时起床不拖拉，独立洗脸把牙刷。
自己穿衣叠被褥，不让父母多受累。个人卫生值得赞，房间整理不嫌烦。

测一测

　　在家庭生活中，有时难免发生一些矛盾，而这些矛盾有的是因为自己的过错，有的却是因为父母的过错。遇到这样的情况，你认为应该如何去得体地处理、化解这些矛盾呢？怎样规劝自己的父母呢？请举例说明。

## ▶家庭庆贺与赠礼

庆贺是家庭交往中经常遇到的一种礼仪，当家庭成员有重大喜事时，向其及时表达良好的祝愿和问候，既融洽氛围，又增进家庭成员间的沟通与交流。

在庆贺、节日问候等时候，赠送礼物是家庭交往活动形式之一，也是向对方表示心意的物质表现。

# 家庭庆贺

家庭庆贺是指家庭成员有重大喜事时，向其表示良好的祝愿，如：生日寿诞、乔迁新居、结婚、新生命诞生、升学、工作、出国以及节日等。根据不同的习俗，应馈赠一份礼品，送什么样的礼品应根据对方的年龄、喜好、和自己关系的亲密程度以及经济条件而定。

### （一）庆贺孩子出生

亲友生孩子是一大喜事，值得庆贺。馈赠礼物可以是婴儿衣物、推车、小床或玩具等。也可以根据婴儿的生肖选购纪念章，背面可刻上婴儿的姓名

以及出生年月，比较新颖别致，也很有纪念意义。

**（二）庆贺生日**

年少者的生日典礼叫"过生日"，年长者的生日典礼叫"做寿"。生日祝贺可以随意一些，一个电话、一条短信、一张贺卡、一束鲜花、一件小礼物都能带去真诚的祝贺和温馨的祝福。

1. 向父母或长辈庆贺生日

其形式有：一是家宴聚会、备份礼品以表示祝贺。家宴上，子孙尽孝，父母长辈也尽享"天伦之乐"。二是如果在外读书，就打电话或发短信以示祝福。

2. 向亲友祝贺生日

其方式较多，比如：写生日贺信、寄送生日蛋糕、贺卡、礼物等。

3. 常见的年寿代称语

（1）孩提：未知发笑，尚在襁褓的幼儿。

（2）初度：小儿周岁，也泛指生日。

（3）垂髫：童年，因古时候小孩头发下垂。髫音"条"。

（4）外傅：10岁儿童。

（5）束发：15岁左右的青少年。

（6）及笄：15岁左右的女子。笄音"基"。

（7）破瓜之年：16岁女子。

（8）待字：成年待嫁女子，又称"待年"。

（9）弱冠：男子20岁。

（10）而立：30岁。

（11）不惑：40岁。

（12）知命：50岁。

（13）花甲：60岁。

（14）耳顺：60岁。

（15）古稀：70岁。

（16）耄耋：八九十岁的老人。耄音"冒"，耋音"碟"。

（17）期颐即百岁。

（18）男孩诞生曰"弄璋"，女孩诞生曰"弄瓦"。

（19）华诞代指生日，男女通用。

**（三）庆贺结婚**

1. 送礼金、床上用品、适用的小家电都可以，要根据与对方的情谊程度、对方需要及自己的经济条件，选择送什么，送多少。

2. 到了婚宴场所，新郎、新娘一般都在入口处迎宾，客人要上前道贺。新郎、新娘给客人献上两颗糖，再给客人敬烟、点火。客人此时从容取出贺礼，送到新娘、伴娘或收礼台。

不管是礼金还是礼物都应写上新郎、新娘的名字和"新婚之喜"，下面书写"××敬贺"。

3. 进入宴席，要按照主人的引导就座，如果没有人引导，可以和熟悉的亲友坐在一起，但注意不要主动到"新人"、"父母"或"主桌"就座。新郎、新娘到各席敬酒致谢时，应起立举杯和新人碰杯，再道"恭喜！"

4. 参加婚礼应注意

（1）着装要讲究，不能随便，颜色搭配除了黑色以外其他无妨，但也不要抢新郎、新娘的风头。

（2）话题要围绕婚礼，千万

不要谈你自己，不要谈你的感受怎样、昨天干了些什么等。

（3）闹洞房不能过分取笑，把握尺度，适可而止。

（4）敬酒要大方，用词恰当，不要啰啰唆唆。

# 家庭赠礼

## （一）给父母赠礼

1. 给父母赠礼，如果还是学生可以用你节约下来的压岁钱或零花钱送贺卡、手套、围巾、鲜花之类的小礼物。

2. 如果已经工作，有固定收入了，特别是已经建立小家庭的子女，应经常给父母送些物品，不在于物品价格的高低，关键在于让父母感到儿女没有忘记他们。比如：牛奶、盆景、衣物，适合他们的健身器材或所需的小电器。

## （二）给长辈赠礼

晚辈给长辈馈赠礼品，无论贵贱，只要诚心，他们都会感到高兴。但要注意：一是要讲究实用性，比如：天冷给长辈送棉衣；二是要有针对性，比如：对有糖尿病的长辈不要送含糖分高的食物。

## （三）给兄弟姐妹赠礼

由于兄弟姐妹或平辈多属同龄人，彼此的喜好都比较了解，容易把握，因此互赠礼品能收到满意的效果。如对有摄影爱好的兄长送一台摄像机就是一个不错的礼物；还有鲜花是平辈送礼中最理想的选择，既高雅又有意义，而且花钱不多。

1. 你知道母亲节、父亲节分别是哪一天吗？你准备为父母敬献一份什么礼物呢？

2. 大家议一议，中职生之间相互庆贺生日，什么形式才更有意义呢？

## ▶待客和做客

在现代家庭交往中，家庭拜访做客，通过交流可以彼此促进了解，有利于加深人与人之间的情谊。

"有朋自远方来，不亦乐乎"，客人来访是一件高兴的事。如何在家里接待好客人是一门艺术，让客人满意，既彬彬有礼，又落落大方，充分显示家庭主人的风度。

# 待　客

### （一）迎客的礼仪

1. 做好待客前的准备，提前打扫室内卫生，并备好茶具、烟具、饮料、水果、糖饼、咖啡等，不能穿睡衣，应穿上便衣，以示礼貌。

2. 客人来访，主人应热情相迎，如客人手持重物，要主动接提，进入室内，要把最佳的座位让给客人坐。

　　3. 客人入座后，如果是女士应敬上水果或饮料；如果是男士应敬烟、泡茶。其中，要遵守茶文化礼仪：

　　（1）茶具宜洁净、卫生、透明。投放茶叶前，要用开水净器。待客人入座后，取出杯子，当着客人的面将杯盖揭开。注意，一定要盖口朝上地放在茶几上。另外，以玻璃杯为好，这样能观察到茶叶形态的美好。

　　（2）投放茶叶适量。按品种和因人而异掌握用量。

　　（3）注入开水要适量。以七成满为宜。

　　（4）敬茶时要有讲究。一般场合，先给德高望重的老人，或先敬给身份和地位高的人。

　　（5）端茶要举止得当。主人为客人沏好茶后，端杯时应以双手捧之，并

将茶杯置于客人右侧，以便其端茶。不可将手指靠着杯沿，甚至伸到杯中，显得不卫生。接茶者接茶时要表示感谢，饮茶时要文雅大方。客人要善于品茶，用杯盖拂去浮叶，小口啜饮，满口生香，不可作牛饮状。

（6）续茶时，把茶杯拿离桌面，添水后再放回原处，不宜直接向杯内添水，以免溅到桌面上。续茶时要一视同仁，如果人员较多，续茶时不能只给一小部分人续，而冷落了其他人。

4. 客人来访时，正赶上自己在吃饭，就应邀请一道用餐。如果客人已经吃过，自己应放下碗筷陪客人，家人可继续用餐。如果客人表示让主人继续用餐，主人也应将客人安顿好，打开电视，递上水果、送上点心以及茶水，如有小孩，还应用小孩玩具或小人书之类物品安顿好小孩。

5. 客人来访，如遇自己有急事外出，这时一定要向客人讲明情况，表达歉意，并嘱咐家人招待好客人，即可离开。

6. 客人来访时，又有新的客人来访，应将客人相互介绍，一同招待，若有事需与一方单独交谈时，应向另一方说明。谈话时，不要频繁地看表，三心二意，更不能有扫地、掸土等举动。

### （二）送客的礼仪

1. 当客人告辞，主人应真诚挽留或邀请下次再来。如客人一再说明告辞，应等客人起身，自己再站起来，主动让家人取下衣帽，应将客人送到电梯口或楼道口，并叮嘱客人走好。如果客人回首招呼，主人应举手示意，频频点头，不要刚一握手就转身回房，更不能客人刚跨出房门就立即把门关上，这很失礼。

2. 迎客、送客都要做到热情、诚恳、周到和有礼节。

# 做　客

**（一）做客前的准备**

1. 先约定，利于对方提早安排。尽量避免对方的用餐及午休时间，最好选择在节假日的下午或平时吃饭之后，尽量按对方的意思确定拜访的时间和地点。

2. 不要不请自到，使主人毫无准备。但如已约定好了，就应按时，不能迟到更不能失约。

3. 要有目的，有准备。你是去祝贺乔迁还是看望生病在家的人，应买点什么礼物等。

**（二）做客时的礼节**

1. 进房间的礼节：要先声后入，先敲门或按门铃。敲门要有节奏，轻重适度，不快不慢，最多只敲三次，按门铃不要长时间按着不放，按后注意倾听屋内动静，等到有人应声开门迎接时，才能进入，进门时应将随身携带的雨伞或物品等按主人示意的地方放置。主动换上拖鞋。

2. 见面的礼节：见面时要彬彬有礼，见到长辈和在场的所有人，都要一一点头招呼。主人示意坐下再入座。主人端来茶水，要用双手接过，并说声"谢谢"；主人送上的水果，不要急于动手，最好让年长者和其他客人先取用。如果要吸烟，应有所克制，尽可能不抽或少抽，烟灰一定抖在烟缸里。自己带了小孩前往，要教小孩一一招呼主人家里的人，同时要管好小孩，不能乱跑和乱翻寻主人的东西。不要随便进入主人卧室和其他房间。

3. 交流的礼节：交流时，要专心倾听对方的谈话，不能东张西望，时不时要点头或应答，谈话要简洁明了，不要啰唆，把握好时间，一般做客以0.5~1小时为适宜。如发现主人还有其

他事要办或另有来访者，则要同新的来访者简单打招呼后，迅速告辞。

4. 告辞的礼节：向主人告辞，要彬彬有礼；若在场还有别的客人，则应慢慢走向主人告辞，并表示歉意，不要远远站着，大声道别，如果已被其他客人看见，可以说声"再见"然后在离去。

总之，访友做客，最基本的要求是：态度温和，用语文明，举止得体。

一、假定一次自家请客，设计一份"来客接待方案"。

## 来宾接待方案

请客事由：

时　　间：　　　　　　　地　　点：

| 步　　骤 | 具体工作 | 人员 | 备注 |
|---|---|---|---|
| 迎客准备 | | | |
| 迎　　客 | | | |
| 招　　待 | | | |
| 送　　客 | | | |

二、请根据待客与做客的礼仪，选择正确的答案填在括号里。

1. 做客应该：（　　）

A. 事先预约。

B. 正好路过，不请自到。

2. 家里来了父母的客人，自己并不认识：（　　）

A. 应该帮父母做好接待，再适时告退。

B. 可以不用出面，关在自己房里不打扰大人谈话就好了。

3. 家里有父母的客人在做客时，自己的同学到来：（　　）

A. 礼貌地将同学介绍给父母及客人，然后进入自己的房间，小声交谈。

B. 立即热情接待，请父母及客人回避。

4．客人离去，主人送客应：（　）

A．根据主客关系，决定送出门，送下楼或送上车并目送远离。

B．不管是何人，主人只需伸头道声再见即可。

5．陪父母做客时：（　）

A．因不是自己熟悉的主人，可以离开自己去玩，并不时催父母告辞。

B．不乱插话，主人问到自己问题时应恭敬地回答。

6．做客结束提出告辞：（　）

A．辞行时态度要坚决，出门后要请主人就此留步。

B．反复说过几次"走了"，人却迟迟不动。

## ▶邻里关系

俗话说：远亲不如近邻，处理好邻里关系尤为重要。良好的邻里关系可以让彼此获得更多帮助，为个人生活带来更多方便与快乐，增进社会和谐。

## 新型邻里关系的特征

1. 由被动安排变为主动选择

过去的邻里关系多多少少是一种非主动的结果，而现在则是一种主动选择的结果。邻里之间在经济条件、知识结构等方面存在较大的共性，这为建立一种良性互动的邻里关系铺设搭建了一个很好的平台。

2. 由动态积极变为静态消极

动态积极的邻里关系表现为邻里之间相互接触频繁、关系密切。静态消极的邻里关系则表现为邻里之间基本没有太多的走动，也不鼓励大家对邻里关系保持一种积极的态度。

3. 由直接接触变为间接联系

过去的邻里之间都有直接接触，但在新邻里关系中，邻里之间更多的是间接接触和联系。

4. 由背景简单变为背景复杂

过去大家往往都住在单位分配的房子或者是世家祖传的私房里，而现在不同职业、不同身份、不同单位甚至不同城市、国籍的人都成为邻里。

5. 由宣扬共性变为张扬个性

在过去人们通过抑制个性、强调共性的方式保证大家生活在一个相对平稳和固定的生活模式中；而在新邻里关系里，大家生活的空间相对变大，私密性增加，因此就有了个性张扬的可能。

6. 由靠社会公德维系变为靠法律、制度维系

旧的邻里关系中更体现道德的因素。但在新的邻里关系中，大家更多地

依靠对法律和规章制度的遵守来维持。

7. 由情感波动变为利益损益

过去，情感的波动直接影响邻里关系。而在新的邻里关系中，由于没有太多直接的接触，因此，利益的损益对相互之间的关系影响最大。

# 邻里关系礼仪要点

1. 互相帮助，别人有困难主动帮助，别人遇到危险、灾难，要勇于救助。

2. 有喜事，要热情祝贺。

3. 不要说东家长、道西家短。

4. 邻里之间，不分彼此，主动打扫卫生。切忌乱丢乱扔垃圾、纸屑、往外倒污水，浇花、晾衣服要注意，不要将水流到楼下的凉台和窗台上。

5. 遇上公益之事，应抢在前面，主动服务。

6. 发生了摩擦要及时友善解决，少指责，多调查，这样相处才能和谐。

# 邻里之间的注意事项

1. 不打扰左邻右舍

早出晚归进出居室要保持安静，尊重邻居的生活习惯。如果家里有事会影响邻居，要事先打个招呼，请求谅解。

住在楼上：搬动桌椅要轻些，尽量不在屋里敲东西；最好一进门就换上拖鞋、布鞋等不会发出响声的鞋子，不要在屋里乱跑乱跳或将东西使劲往地上扔等。不要往楼下倒污水或脏物，在阳台上浇花草不要把水洒到楼下；放在阳台栏杆边沿的花盆或其他杂物应固定好。

住在楼下：容易受干扰，要有一些宽容的精神。遇到楼上有时往下扔东西、泼水等，可以叩开其房门，礼貌地提醒他们，或请他们关照一下，千万不可以采取过激行为。

2. 礼貌相待，互相体谅

平时见面要互相打招呼，点头示意或寒暄几句。日常生活中，要互相关照。

3. 忌以邻为壑

忌"各扫门前雪"，忌说长道短、拨弄是非，忌无端猜疑，忌自以为"常有理"。

俗话说："邻里好，赛金宝。"讲究邻里礼仪，妥善处理好邻里关系，就能建立真诚的友谊。而和谐的邻里关系，又能给你的生活增添很多乐趣，使小家庭、大家庭生活气氛更温馨。

> **延伸阅读**
>
> 　　小明进入高考的最后冲刺，每天晚上在家都认真复习，租住在隔壁的几个年轻人每晚都会传出一阵阵愉快的、毫无顾忌的高谈阔论声，扰得小明精力难以集中，苦不堪言。一天晚上，小明去隔壁，告诉年轻人，因为自己在复习准备高考，请他们在交谈时适当降低音量。年轻人听到很不好意思地道歉并马上改为小声交流了。以后的日子，小明就一直在安静的环境下进行复习了。其实，邻里团结、互谅互让是一件很简单却能让人很愉快的事。

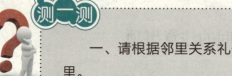

一、请根据邻里关系礼仪，选择正确的答案填在括号里。

1. 小区单元房之间：（　　）

A. 远亲不如近邻。常年与邻里相处，见面要热情打招呼，问好、问安。互帮互助。

B. 每天难得见面，都不认识，见面不要需要打招呼。

2. 邻里有了困难：（　　）

A. 要主动帮助解决。

B. 彼此之间不熟悉，主动帮助可能惹来麻烦，多一事不如少一事好啦。

3. 为了能保持自家的清洁：（　　）

A. 垃圾可以随手往"外"扔。

B. 要保持自家的清洁，也要保持环境卫生，垃圾要按规定的地方存放。

4．在阳台浇花或晾晒衣物：（　　）

A．要注意楼下是否有人或物，不要给邻居造成损失。

B．我居高临下，其他一概不管。

5．邻里有失礼之处：（　　）

A．非不得已不要出面干涉，提醒时语气和蔼，勿伤和气。

B．你不仁我也不义，一定要以牙还牙。

6．遇上公益之事：（　　）

A．抢在前面，主动参与服务。

B．各人自扫门前雪，管好自己的事就可以了。

## ▶参加葬礼和祭扫礼仪

> 无论在东方还是西方，葬礼都是一个庄严肃穆的社交场合，所以礼仪要求更细致和严格。祭扫先人墓既是表示对过去的人或者事情的一种缅怀或者思过，更是一种对下一代进行传统文化教育的良好形式。

# 参加葬礼的礼仪

### （一）参加葬礼的注意事项

人固有一死，中国人历来注重葬礼，把生与死看成同样重要的事。由于亲人去世，丧者家属情绪都比较哀伤，为了体现对死者的尊重和对丧家的同情，参加丧礼时，一定要注意：

1. 保持悲伤的情绪，不能毫无表情，无动于衷，更不能露出厌烦的神情，甚至笑意。

2. 着深色服装，黑色的最好，切忌穿得大红大绿。

3. 与死者有亲属关系，衣袖上要戴上黑纱或白纱；与死者朋友关系的，可在胸前戴上白花。

4. 不可昂首阔步，而应微微低头，缓步前行。

5. 讲话时声音要低沉，不可与参加丧礼的人交头接耳，甚至谈笑风生。

6. 葬礼要参加到最后，对死者的家属可进行劝慰，如"接受我深切的哀悼"、"请节哀"、"多保重"等。劝其节哀，用语一定要适宜。

### （二）葬礼致意的礼数

1. 接到"讣告"的亲友熟人，可以写唁函、发唁电给死者的家属，以示哀悼。

2. 给葬礼送花，可在葬礼举行前，通过葬礼承办人或花店办理。如"讣告"上写明"敬辞鲜花"，则应当遵从，不必送花。送花时，应附上写有悼唁字句或"献给×××"字样的飘带，并附有赠花者的姓名，要注意外国习惯不用纸花。

3．也有人写挽联、诗或文章以纪念死者。

4．很亲近的亲友可以登门吊唁，并帮助家属治丧。但如死者的亲人不愿接见亲友，则不应当登门致哀。

# 参加祭扫的礼仪

## （一）参加祭扫的注意事宜

祭奠是对已逝人的一种纪念形式，一般在已逝人的生辰忌日或春节、清明时举行，传统的祭扫先人墓地，有以下几项注意事宜：

### 1．馨香三炷，鞠躬悼念

点燃馨香，摆设一些水果或先人生前所喜好的食品作为供品，这是人们寄托哀思的一种方式，不能简单化地以迷信视之。当然，如果烧化冥钱，就有迷信成分了。对墓前祭奠，过去凡晚辈都要行跪拜大礼，现在是要90度三鞠躬就行了。

### 2．整修陵墓

一般是给坟墓培土，并整修墓道。由于每年雨水冲刷或其他原因，墓道或坟头易受损，利用祭扫之际，可以进行整修和加高。墓表可铲些草皮贴上，草蔓延覆盖后可减少水土流失。有的还可植树以作纪念。

现在，农村中许多地方都已平坟还田；有的地方实行火葬，骨灰寄放在殡仪馆；有的则埋入公墓。因此，祭扫仪式也有新的改革，不再像传统的形式那样复杂。

## （二）祭扫先人墓的仪式

1．肃立默哀，众亲友于原地就位。

2．主祭者就位，众亲友于原地就位。

3．主祭者到墓前敬献花果，主祭者行一鞠躬礼。

4．有条件的，还可读祭文。

5．主祭者率众人向先人墓行哀祭礼，一鞠躬、再鞠躬、三鞠躬。

# 网上祭奠

在互联网如此发达的今天，网络祭奠将是寄托哀思、传承民族优良传统，发扬重亲情、重家庭、重孝道的传统美德，保存、拯救祭奠文化的科学方式，只要祭扫的本义不变，祭扫的方式并不重要。

随着人们思想的不断转变、网络技术的不断完善发展，网上这种全新的祭奠形式逐渐被接受认可，以网上献花、留言、点歌等形式寄托自己的哀思无疑是一种更方便、环保的祭奠形式。

（一）网上祭奠的特点

1. 便捷性：现代人受时间、空间的限制，加上生活节奏繁忙，不可能在每年的春节、清明节、重阳节等祭祖日子亲临现场祭扫。网上祭奠可以让用户突破时空的阻隔，实现全天候、全球化的缅怀、祭扫。用户可随时随地对先人表示敬意和孝心。此外，用户还可在已故亲人的生日、忌日等重要日子上网追思。

2. 永久性：尽管许多家庭都有家谱，但是人们只能从家谱中获得简单的信息。可以把先人的文字资料及图像和声像资料永久保存下来，随时随地可让先人的音容笑貌重现眼前，让子孙万代了解祖辈的光荣与梦想。

3. 环保、安全、节约：据报道，我国一些大城市每年清明节祭祖费都超过千万元，燃烧纸品引发的火灾所造成的损失也是巨大的。网络祭扫这种节约资源、保护环境的拜祭方式，既满足人们缅怀先人、寄托哀思的需要，又可以避免上述问题。

（二）网上祭奠的意义

1. 传承文明

流传几千年的祭奠习俗本来就因时而异。在互联网如此发达的今天，祭扫习俗也需与时俱进。网络祭奠将是传承中华民族"慎终追远"的优良传统，发扬重亲情、重家庭、重孝道的传统美德的现代的、科学的方式。只要祭扫的本义不变——诚心祭奠，祭扫的方式并不重要。

2. 促进和谐

网络纪念馆是一个超时空的网络祭奠和沟通平台，用户不仅可以向先人表达敬意和孝思，而且可以利用这个平台加强家庭、家族成员之间的沟通，增进了解、强化亲情、维护团结，增强凝聚力，从而有利于促进社会和谐。

3. 激励后代

在这个虚拟的纪念空间里永久记载着祖祖辈辈的光荣历史，让散居在全球的后人都可在这个平台上了解祖辈光辉业绩及其未竟之业，以此激励后代不断追求和努力奋进。

清明节到了，请同学们尝试采用网上祭奠方式来缅怀革命先烈。

# 第五章

# 社交礼仪

*Shejiao liyi*

开篇故事

## 宴请菜品，传情达意

1993年，对于解决海峡两岸关系有着深远意义的"汪辜会谈"，被称为"戴着白手套的握手"。汪道涵、辜振甫两人富于中国传统文化特色的举止和礼仪在这次会谈中令人难忘。

两人虽代表两方的立场，会谈时却没有"硝烟四起"，他们的谈话倒像两个情趣相投的普通老头，一起喝茶，一起看京剧。会谈过后，汪老宴请辜老。晚宴的九道菜，汪道涵巧用菜名嵌入对台湾同胞的骨肉情：乳猪与鳝片取名情同手足，乳酪龙虾取名龙族一脉，琵琶雪蛤膏取名琵琶琴瑟，董园鲍翅叫喜庆团圆，木瓜素菜叫万寿无疆，三种海鲜叫三元及第，官燕炖双皮奶叫燕语华堂，荷叶饭叫兄弟之谊，水果拼盘叫前程似锦，9道菜名连在一起就是：你我"情同手足"，同是"龙族一脉"，今夕"燕语华堂"、"琵琶琴瑟"和鸣，谱一曲"喜庆团圆"，祝大家身体健康"万寿无疆"，海峡两岸的"兄弟之谊"能"前程似锦"、"三元及第"。汪老的智慧与心意令全场叹服。

## ▶馈赠礼仪

馈赠即送礼品，它是人际交往中一种表达友情、敬重和感激的常用形式，其目的在于沟通感情和保持联系，所以它不仅是一种形式，更重要的是体现馈赠者的修养和诚意。

## 馈赠礼品5W规则

1. 送给谁（WHO）

中国人到家里面去送礼物的习惯是：如果对方在谈恋爱或刚刚结婚还没有孩子，尽管自己是男性，交往对象也是男性，往往送一个女孩子喜欢的礼品很合适；如果他们有了孩子，最省事而又有效果的送法是以小朋友为受众对象；如果家里有老人，特别是老人年纪比较大的话，以老人为受众对象比较合适。

2. 送什么（WHAT）

首先要考虑礼品的时尚性和时效性。切忌送过时、过季的礼品。其次要注意独特性。尽量做到"人无我有，人有我优，人优我新"。

但针对在校的学生，不提倡赠送高档、昂贵的礼品。少男少女喜欢过生日，可以约朋友、同学欢聚一番。当然，也可以几个人"凑份子"买一件较好的礼物，写一封贺信，大家签上名，派代表将礼物和贺语送给过生日的人。也可以通过广播电台、电视台为过生日者点几首歌或几曲音乐，这显得既文明又高雅。作为青年学生，本身没收入，大多花父母的钱，过生日应讲求节约，不可奢侈浪费。更不能为过生日而误了上课学习，应该让生日过得高雅、文明、节俭，这样才更有意义。

3. 什么地方送（WHERE）

公务交往的礼品一般在办公地点送，以示郑重其事，公事公办；相反，私人社交的礼品一定要在私人交往的地方送，以示公私有别。

4. 什么时间送（WHEN）

到别人家去拜访，礼品要在见面之初拿出，这叫登门之礼。以表示对对方的重视，也容易给人一个良好的第一印象。接受了礼物就等于欠着对方一个人情，这时主人就需要考虑还礼。而主人待客还礼则是倒过来，如果是送给远方客人的礼品是临行前送，走之前送；如果是本地客人，就在对方告辞的时候送。

送礼品还要讲究时机，一般可选在喜庆嫁娶（乔迁新居、过生日做大寿、生小孩、嫁女娶亲等亲友喜庆的日子）、欢庆节日（我国传统节日：春节、端午、中秋、重阳等，西方化的圣诞节、情人节、母亲节等）、酬谢他人、亲友远行、拜访、作客时送。

5. 如何送（HOW）

礼品有三种寄送方法，一是自己送，二是托人送，三是寄送。但凡可能，礼品要亲自送。公务活动，就是公司、企业、政府部门打交道的礼品最好是由单位领导亲自送，这样可以提高礼品的规格，即"礼宾对等"。

# 送礼的避讳与禁忌

在社会交往中，互赠礼品是必要的，但要了解对方的送礼禁忌。过时送礼、事后补礼都应避免。

## （一）内地馈赠禁忌

### 1. 好双忌单

在中国普遍有"好事成双"的说法，因而凡是大贺大喜之事，所送之礼均好双忌单。但广东人则忌讳"4"这个偶数，因为在广东话中，"4"听起来就像是"死"，是不吉利的。再如，白色虽有纯洁无瑕之意，但中国人比较忌讳，因为在中国，白色常是大悲之色和贫穷之色。同样，黑色也被视为不吉利，是凶灾之色，哀丧之色。而红色，则是喜庆、祥和、欢庆的象征，受到人们的普遍喜爱。

### 2. 忌谐音不吉

我国还常常讲究给老人不能送钟表，"送钟"与"送终"谐音。不过新一辈的人对于送"钟"、"伞"这类的忌讳不大，若真想避免这类不吉利的谐音字，可以在送礼时，向受礼者要一块钱，表示这份礼是他用一块钱

"买"的，避去"送钟"、"送伞"的意思。一定要送钟时，还可加送一本书，谐音"有始有终"；给夫妻或情侣不能送梨，"梨"与"离"谐音，是不吉利的。

2. 忌俗名暗示

乌龟虽然长寿，却有"王八"的俗名，不宜作礼品相送。还有，不能为健康人送药品，不能为普通异性朋友送贴身之物等。

（二）港台馈赠禁忌

1. 禁用手巾赠人

按台湾民俗，丧事办完，送手巾给吊丧者留念，意为让吊丧者与死者断绝来往。所以台湾俗语有"送巾断根"或"送巾离根"之说。因此，非丧事不宜赠手巾。

2. 禁用扇子赠人

扇子用于夏季扇凉，一到深秋，再无利用的价值，可狠心抛弃。台湾民间有句俗话："送扇，无相见。"因此，扇子不可当礼物赠人。

3. 禁用雨伞赠人

台湾话中"伞"与"散"同音，以伞送人，难免会引起对方的误解。

4. 禁用刀剪赠人

刀剪是伤人的利器，含有"一刀两断"之意。以刀剪赠人，会使获赠者觉得有威胁之感。

5. 禁用粽子赠人

居丧之家习惯既不蒸甜果（糖年糕），也不包粽子。如果赠粽子给别人，会被误解为你把对方当作丧家，所以十分忌讳。

6. 禁用甜果赠人

民间逢年过节，常以甜果为祭祖拜神之物，若以甜果赠人，会使对方有不祥之感。

7. 禁用鸭子赠坐月子的人

台湾人坐月子通常吃麻油鸡、猪肝、猪腰等热性食物，鸭子属凉性食物，而且台湾民间还有"七月半的鸭仔——不知死期"等谚语。若以鸭子赠给坐月子的人，易使对方联想到不祥之兆。

（三）国外馈赠禁忌

1. 西方人喜单数却忌"13"。

2. 各国禁忌

（1）日本人忌"9"、"4"，因为"9"与"苦"音同，"4"与"死"

音同。对日本人忌送菊花，菊花是日本皇室专用。

（2）对英国人忌送百合花，当地人以为其有"死亡"之意。

（3）对荷兰人忌送食品，他们大多习惯吃生、冷食品，礼物要用纸制品包好。

（4）波兰人除爱人、情人，忌给其他异性送红玫瑰。

（5）对美国女性忌送香水、化妆品、衣物、假首饰，那会以为你看不起她。

# 赠送鲜花的礼仪

近几年来，随着对外开放的深入，人们生活水平的提高，鲜花逐渐成了人们的送礼佳品。但送花是一门学问，送花也是一门艺术。应视节日习俗、场合和个人喜好等因素酌情选择合适的种类，又要懂得花语寓意。

### （一）中国花语

要把握花艺的真谛，首先要了解花语花意，才能使花卉展日月之精华，汇天地之灵逸，抒自在自得之美。经过长期演化，人们赋予各种花卉一定的寓意，用以传递感情，抒发胸臆。如考试及第誉"折桂"，送别或赠别则称为"折柳"，奉献桃子祝老人长寿，赠石榴愿新婚夫妇多子，至于"松、柏、竹、菊、莲"等，皆依其个性而各有明确固定的含义。具体含义如下：

| 花　名 | 寓　意 | 花　名 | 寓　意 |
|---|---|---|---|
| 玫瑰 | 美丽纯洁的爱情 | 康乃馨 | 友谊 |
| （橙红）玫瑰 | 初恋的心情 | 康乃馨（母亲节） | 伟大、神圣、慈祥的母亲 |
| （粉红）玫瑰 | 初恋，特别的关怀 | （红色）康乃馨 | 受伤的心、相信你的爱 |
| （红色）玫瑰 | 热恋，真心真意 | （红色）康乃馨（母亲节） | 为您祈祷健康 |
| （白色）玫瑰 | 天真、纯洁、尊敬 | （粉色）康乃馨 | 热爱着你 |
| （黄色）玫瑰 | 歉意、友谊 | （粉色）康乃馨（母亲节） | 祝母亲永远年轻、美丽 |
|  |  | （白色）康乃馨 | 纯洁的友谊 |
| 百合花 | 百年好合，心心相印 | （白色）康乃馨（母亲节） | 寄托对已故母亲的哀悼思念之情 |
| （香水）百合 | 纯洁、富贵、婚礼的祝福 | （黄色）康乃馨 | 长久的友谊 |
| （白色）百合 | 纯洁、庄严 | （黄色）康乃馨（母亲节） | 对母亲的感激之情 |
| （黄色）百合 | 衷心的祝福 | （杂色）康乃馨 | 拒绝你的爱 |
| （火）百合花 | 热烈的爱 | 菊花 | 清静、高洁、真情、傲骨、我爱 |
| （粉色）郁金香 | 幸福 | 黄菊 | 微笑 |
| （黑色）郁金香 | 神秘、高贵 | 墨菊 | 追念 |
| （黄色）郁金香 | 拒绝、无望的爱 | 茶花 | 理想的爱，谦让 |

| 花　名 | 寓　意 | 花　名 | 寓　意 |
|---|---|---|---|
| 金鱼草 | 有金有余，繁荣昌盛 | 蝴蝶兰 | 我爱你，蒸蒸日上、事业昌盛 |
| （红色）金鱼草 | 鸿运当头 | 马蹄莲 | 永结同心，自强不息、勇往直前 |
| （黄色）金鱼草 | 金银满堂 | 水仙 | 高雅 、清逸、芬芳、脱俗、尊敬 |
| （紫色）金鱼草 | 大红大紫 | 勿忘我 | 浓情厚意，房屋的友谊 |
| （粉色）金鱼草 | 花好月圆 | 满天星 | 关心、纯洁、带来好运 |
| 迎春花 | 健康长寿 | 君子兰 | 优雅 |
| 荷花 | 清白圣洁、无私奉献 | 并蒂莲 | 夫妻恩爱 |
| 橄榄 | 和平 | 豆蔻 | 别离 |
| 向日葵 | 爱慕、光辉、忠诚、欣欣向荣 | 天堂鸟 | 热恋中的情侣 |
| 风信子 | 喜悦、爱意、浓情蜜意 | 牡丹 | 圆满、浓情、宝贵、荣华 |
| 桂 | 崇高、荣誉 | 松 | 哀怜 |
| 剑兰 | 长寿、福禄、康宁 | 风信子 | 喜悦、爱意、浓情蜜意 |
| 月季 | 美好常在、和平友爱 | 杜鹃 | 思念家乡 |
| 木棉 | 英雄 | 海棠 | 愉快 |
| 芍药 | 依依惜别 | 茉莉 | 爱慕、重义轻利 |

## （二）玫瑰朵数的含义

| | | | | |
|---|---|---|---|---|
| 1 | 对你情有独钟 | 36 | 浪漫心情全因有你 |
| 2 | 眼中世界只有我俩 | 44 | 至死不渝 |
| 3 | 我爱你 | 50 | 这是无悔的爱 |
| 4 | 山盟海誓 | 56 | 吾爱 |
| 5 | 无怨无悔 | 66 | 情场如意 |
| 6 | 愿你一切顺利 | 77 | 求婚 |
| 7 | 无尽的祝福 | 88 | 用心弥补一切的错 |
| 8 | 深深歉意请你原谅 | 99 | 天长地久 |
| 9 | 永久拥有 | 100 | 执汝之手，与汝偕老 |
| 10 | 全心投入 | 101 | 你是我唯一的爱 |
| 11 | 我只属于你 | 108 | 嫁给我吧 |
| 12 | 心心相印 | 123 | 爱情自由 |
| 13 | 你是我暗恋中的人 | 144 | 爱你日日月月、生生世世 |
| 20 | 永远爱你，此情不渝 | 365 | 天天想你，天天爱你 |
| 22 | 两情相悦，你浓我浓 | 999 | 天长地久，爱无止休 |
| 33 | 深情呼唤"我爱你" | 1000 | 忠诚的爱，至死不渝 |

## （三）不同场合的赠花礼仪

赠花是一门艺术，因为送花的目的是以花为礼、联系情感、增进友谊。因此什么时候送什么花，什么场合选什么花，什么人喜欢什么花，都需要根据具体情况，因时因地因对象而精心设计。否则易因考虑不周而闹出误解，反而失去馈赠礼仪花卉的目的。

按照我国民间流传的心态，凡花色为红、橙、黄、紫的暖色花和花名中含有喜庆吉祥意义的花，可用于喜庆事宜；而白、黑、蓝等寒色偏冷气氛的

花，大多用于伤感事宜。因此在通常情况下，喜庆节日送花要注意选择艳丽多彩，热情奔放的花；致哀悼今时应选淡雅肃穆的花；探视病人要注意挑选悦目恬静的花。具体地讲：

1. 春节、元旦期间

此节日时值年春，也刚好是花卉生产的旺季，各种花卉琳琅满目，争奇斗艳，选择赠以贺新年、庆吉祥、添富贵的盆栽植物为佳，再装饰些鲜艳别致的缎带、贺卡饰物等增添欢乐吉祥气氛。

宜送有喜庆色彩、吉祥寓意及各种时令花卉，如迎春花、报春花、瑞香、杜鹃、金桔、吉庆果、状元红、吉祥果、万年青、瓜叶菊、君子兰、仙客来、长寿花、红桃、梅花、桃花、水仙、腊梅、银柳、蟹爪兰、剑兰、玫瑰、香石竹、兰花、热带兰、小苍兰、红掌、鹤望兰、大丽花、牡丹花等。

仙客来

一品红

2. 圣诞节

12月25日是纪念耶酥诞生的日子，同时也是普通庆祝的世俗节日。现在的圣诞节，通常以一品红作为圣诞花，表示驱除妖魔，花色有红、粉、白色，状似星星，好象下凡的天使。用一品红鲜花或人造花插成各种形式的插花作品，伴以蜡烛，用来装点环境，增加节日的喜庆气氛，含有祝福之意。

另外可送太阳花，表示欣欣向荣，一派光明。还可赠蟹爪兰（圣诞仙人掌）、枸骨（圣诞果）、塔形枞树、杉、柏、南洋杉等。

3．情人节

2月14日，除送表示真诚相爱的玫瑰外，还可选送红郁金香、粉色牵牛花、白丁香、紫丁香、蝴蝶兰、勿忘我等花材给女友。

送男友可选送扶郎花、长春花、马蹄莲、紫罗兰等花材。

勿忘我

太阳花

牵牛花

4．母亲节

5月的第二个星期日，送康乃馨，这是母亲节之花；送勿忘我，永恒的爱；粉色牵牛花，表示纤纤柔情。

也可送表达母爱的石竹，母亲健在的送红色石竹，母亲已故的则送白色石竹。另外也可送纯洁的百合花。

5．父亲节

6月的第三个星期日。可送红莲花、石斛兰、太阳花，石斛兰具有刚毅之美，花语是"父爱、喜悦、能力、欢迎"，是"父亲之花"。送太阳花，寓意父亲像伟大的太阳。送茴香表示力量；送柳枝，表示坦诚、直率；送黄杨，表示冷静、坚定。

6. 教师节

9月10日，教师节可选送象征灵魂高尚、桃李满天下、才华横溢寓意的花材，如木兰花、剑兰、桃花、悬铃木等。

另外，还可送唐菖蒲和菊花。

唐昌蒲

7. 祝贺开业

祝贺开业庆典宜选择喜气洋洋、兴旺发达、四季常青、好运将至等含意的花材，如百合、月季、万年青、银柳等。 桃花（大展鸿图）、发财树、富贵竹、金桔、石榴花、月季、牡丹、一品红、吉利红星等，祝愿生意兴隆、财源广进。

月季、紫薇花花期长，花朵繁茂，寓意"兴旺发达，财源茂盛"。

吉利红星

### 8. 乔迁之喜

买房是人一生中值得庆贺和炫耀的事情，常用巴西铁，鹅掌叶、绿萝柱、彩叶芋等观叶植物或盆栽植物作为贺礼，具有祝贺主人"飞黄腾达、金玉满堂"之意。

中国人一向以红色代表喜庆，因此花材颜色应以红色系列为主，黄花色系可作为陪衬，纯白色绝对避免，因中国人在新居落成最喜红色讨吉利，纯白色视为忌讳，赠花时必须特别注意这些礼节。

### 9. 给老人祝寿

祝福长辈生辰寿日时，可依老人的爱好选送不同类型的祝寿花，一般人可送长寿果、百合、万年青、龟背竹、寿星桃、苏铁、石榴果、报春花、吉祥草、大丽花、迎春花、兰花等寓意"福如东海，寿比南山"的花。

如能赠送国兰或松柏、银杏、古榕等盆景则更能表达尊崇的心意。

铁树

长寿果

10. 祝贺生日

生日赠花可选择祝福寿星"健康、快乐"为主的花材。宜送石榴、百日红（紫薇）、百日菊、千日红、象牙花、红月季、金鱼草、安祖花等，含有青春永驻、火红年华、前程似锦的祝愿。

安祖花

鹤望兰

11. 祝贺新婚

新婚，宜赠红玫瑰、并蒂莲、洋兰、百合、火鹤花、鹤望兰、马蹄莲、康乃馨等，祝愿一对新人幸福、和睦、比翼齐飞、百年好合。

另外，还可添加大丽、风信子、舞女兰、石斛兰、卡特兰、大花慧兰等。

新娘子在披纱时所用的捧花，除了有玫瑰、百合、郁金香，香雪兰、扶郎花、剑兰大丽、风信子、舞女兰、石斛兰、卡特兰、大花慧兰等外，适当加入两枝满天星将更加华丽脱俗。

12. 祝贺生产、婴儿满月

向日葵花

祝贺生产，适合送色泽淡雅而富清香的花，象征温暖、清新、伟大。另外，儿女降生是人生一大喜事，赠花要具有祝贺平安、幸运、喜悦的含义，花材的种类除了依照花语的含义外，宜可按生日花、十二星座、十二生肖、幸运花相赠。

13. 朋友远行

朋友远行，宜送芍药，因为芍药不仅花朵鲜艳，且含有难舍难分之意，表示依依惜别之情。

芍药花

14. 迎接亲友

可选紫藤、月季、马蹄莲组成的花束，表示热情好客。

月季花

15. 迎接贵宾

贵宾来访或者亲友返乡探亲、学成归国，一下飞机立即献上花环、饰花或花束，表示热烈欢迎，必能给宾客惊喜，留下难忘的印象。

迎接贵宾的鲜花，以红花色系与紫花色系最受欢迎。选择的花语，以代表"友谊、喜悦、欢迎、等待、惦念"的花材为主。

金鱼草

16. 探望病人

给病人送花有很多禁忌，探望病人时不要送整盆的花，以免病人误会为久病成根；香味很浓的花对手术病人不利，易引起咳嗽；颜色太浓艳的花，会刺激病人的神经，激发烦躁情绪；山茶花容易落蕾，被认为不吉利。另外，对病人不宜送香味过于浓郁，如夜来香之类的花卉。

探病，宜送清香优美、有促进康复作用的花草，如茉莉的香味令人愉悦，又可消炎、杀菌；石竹可促血液循环；玫瑰可以杀菌、镇静；桂花可平喘、止咳。此外，香味天竺葵、熏衣草、迷迭香、薄荷等都有消炎、杀菌、镇痛和消除不安的作用。

另外，宜送兰花、水仙、马蹄莲等，或选用病人平时喜欢的品种，有利病人怡情养性，早日康复。

桂花

### 17. 丧事用花

宜选择清雅、素洁的花卉，如白菊、白石竹、白月季、马蹄莲、君子兰以及柏枝、松枝，以表示怀念和颂扬，象征惋惜怀念之情。

菊花

### 18. 看望父母

可选剑兰花、康乃馨、百合花、满天星插成花蓝或花束，以祝父母百年好和，幸福美满。

康乃馨

19. 送离退休同志

可选兰花、梅花、红枫、君子兰，敬祝正气长存，保持君子的风度与胸怀。

君子兰         兰花

20. 拜访德高望重的老者

宜送兰花，因为兰花品质高洁，又有"花中君子"之美称。

21. 送工商界朋友

可送杜鹃花、大丽花、常春藤等，祝福其前程似锦，事业成功。

杜鹃花         百合花

22. 夫妻之间

可互赠合欢花，合欢花的叶长，并两两相对，晚上则合抱在一起，象征着"夫妻永远恩爱"。

23. 热恋的情人之间

热恋中的男女，一般送玫瑰花、百合花或桂花，这些花美丽、雅洁、芳香，是爱情的信物和象征。男女之间表示爱意的花，最好选用红色的玫瑰、百合、郁金香，香雪兰、扶郎花等。

对爱情受挫折的人宜送秋海棠，因为秋海棠又名相思红，寓意苦恋，以示安慰。另外，拒绝对方的求爱，可用康乃馨或黄玫瑰来表示。

玫瑰花

测一测

1. 如果你并不熟悉的人送给你极其昂贵的礼品，这时你应该采取什么合理的方式来拒绝收纳呢？

2. 作为一名中职生，当遇到以下情况时，你应该馈赠哪种鲜花适合，请完成下表：

| 场　合 | 赠送鲜花 | 表示的含义 |
| --- | --- | --- |
| 圣诞节 | | |
| 教师节 | | |
| 给老人祝寿 | | |
| 同学生日 | | |
| 朋友远行 | | |
| 探望病人 | | |
| 看望父母 | | |

## ▶宴请礼仪

> 宴请，历来是人们进行社会交往、团聚畅叙、增进友谊、联络感情的一种社交活动。宴请使与会者沟通情感，传送美意，增进友谊。

## 宴请的组织

1. 公务活动中的宴请方式主要有：宴会、冷餐会、酒会、工作进餐。
2. 庆祝活动、纪念性活动宜：冷餐会、酒会。
3. 谈话工作为主题的活动宜：工作进餐。
4. 宴会的规格、标准、席次安排，应视参加人员的身份来确定。
5. 宴会的出席人数以偶数为宜，注意避免邀请两位感情不和的客人。
6. 宴会厅应尽可能选择干净、舒适、安静的地点。
7. 如果发请柬，通常在1~2周前发出。
8. 宴会开始前，要为提前到达的客人接风和表示欢迎。

## 席位的安排

席位是指同一餐桌上座位的主次之分。

1. 一般情况下，对着门口的座位为主位，高靠背或有扶手的座位为主位。
2. 其他座位，依"近高远低，右高左低"的原则。
3. 一般第一主人在面对房门的位置，第二主人在第一主人的对面，主宾应安排在第一主人右侧，副主宾应安排在第二主人右侧，以此类推。
4. 如主宾身份高于主人，为表示敬意，可把主宾排在第一主人位置上，而主人则坐在主宾位上，第二主人坐在主宾的左侧。

5. 上菜斟酒从主宾开始，按顺时针方向依次服务。如下图所示：

①第一主人或主陪
②主宾
③夫人或副主宾
④第二主人或副主陪
⑤⑥副主宾
⑦~⑩一般客人或其他陪客

# 席间的礼仪

1. 赴宴前，要事先弄清宴请的时间和地点，记住请柬上注明的桌次号码。

2. 穿戴要适当地加以修饰。这不仅是对自己美化，也是对主人和参加宴会者的一种尊重。

3. 应遵守时间，最好提前几分钟到达。到达时，要笑脸相对。宴会开始前，可与熟人聊天。

4. 到达宴会场所，注意找准自己的席次。如主宾已经入座，可从椅子的左方入座。

5. 入席后服务员递上的湿毛巾，用以轻轻擦拭自己的双手和嘴角，绝不能用以擦脸或手臂和脖颈。

6. 当主人示意用餐开始，客人需待主人先拿起餐巾时，自己方可拿起餐巾，不可反宾为主。

7. 不可用餐巾擦拭餐具。餐巾打开后，应摊放在自己的腿上。在我国，不宜把餐巾别在衣服的领口和背心纽扣上。途中需离开时，将餐巾稍微折一

下放回到桌上，切不可放在椅子上。

8. 利用筷子进餐时，先用公筷或调羹，将所需菜肴夹到自己的盘碟中，然后再用自己的筷子慢慢食用。

用筷有七忌：

（1）一忌每次一筷夹菜太多。

（2）二忌夹菜后中途滴水滴油不停。

（3）三忌用筷在菜盘中胡搅。

（4）四忌用嘴吸吮筷上的菜点。

（5）五忌用筷子代替牙签剔齿缝。

（6）六忌用筷子敲打盘碗桌面。

（7）七忌用筷子指点人。

9. 宴会餐桌上，将鱼刺肉骨之类的杂物吐出时，应放在骨碟中，而不能吐在桌布上或随地乱吐。

10. 主人或主宾讲话和祝酒时，应暂停进餐和交谈。

11. 咳嗽或打喷嚏时，必须把头转个方向，用手帕捂住口鼻。

12. 每道菜上桌时，一般应等主人或长辈动筷后再夹食，动作要轻慢，不宜碰倒杯盘。

13. 席间有时服务员会送上一个小水盒（铜盆、瓷碗或水晶玻璃缸），水上飘有玫瑰花瓣或柠檬片，这是专供用手取食物后，洗手用的。洗手时，两手轮流沾湿指头，轻轻涮洗，然后用餐巾或小毛巾擦干。

14．一旦入席就餐，应尽可能避免中途退场。如确有急事离场，应向主人说明情况，表示歉意。另外，即使自己吃饱了，也不要先离席，待大家都吃完后方可离开。

15．用餐完毕，用餐巾擦拭嘴唇和嘴角，然后顺势将其置于餐碟右方。一般在众人面前不宜使用牙签，必须为之时，应将手遮住嘴轻轻地剔，用过的牙签放在餐碟内。

16．作为主人，有给客人敬酒、敬菜，协调宴席气氛的任务。

17．客人离去时，主人要一一握手道别，向客人致意，感谢大家光临，并送至门外。

测一测

　　陈军是泸州某事业单位科长，他为迎接成都某同行单位学习调研领导专家一行专门设宴款待，请你为此宴席安排合适的席位。

　　成员有：陈军及单位主管领导共2人、科室人员2人，成都同行单位主管领导1人，科长1人，专家2人，工作人员2人。

## ▶介绍礼仪

在人际交往活动中，经常需要在他人之间架起人际关系的桥梁，介绍是人与人之间相互沟通的出发点。介绍就是向外人说明情况，良好的合作可能就从这一刻开始。

# 自我介绍

在日常生活中，怎样与素不相识的人建立友谊，主要靠相互介绍或自我介绍。想和某人结识，又没有合适的介绍人，就可以作自我介绍。对一些自己不认识的长者或领导同志，要主动站起来，先自我介绍，让对方了解自己。作自我介绍时，可以主动打招呼说声"你好！"来引起对方的注意，然后说出自己的姓名、身份。也可以一边伸手和对方握手，一边作自我介绍。

### （一）自我介绍的具体形式

1. 应酬式：适用于某些公共场合和一般社交场合，这种自我介绍最简洁，往往只包括姓名一项就行了："你好，我叫××。"

2. 工作式：适用于工作场合，它包括本人姓名、供职单位及其部门、职务或从事的具体工作等："你好，我叫×××，是北京某文化公司总经理。"

3. 交流式：适用于社交活动中，希望和交往对象进一步交流与沟通。内容应包括介绍者的姓名、工作、籍贯、学历、兴趣及与交往对象的某些熟人的关系："你好，我叫××，我在未来之舟礼仪培训机构工作。我是××的同事，和他还是老乡。"

4. 礼仪式：适用于讲座、报告、演出、庆典、仪式等正规而隆重的场合。包括姓名、单位、职务等，同时还应加入一些适当的谦辞、敬辞，比如："各位来宾，大家好！我叫×××，我是未来之星的培训师。我代表本公司热烈欢迎大家光临我们的座谈会，希望大家……"

**（二）自我介绍的注意细节**

1. 自我介绍时，态度要谦虚，不能自我吹捧。如果你担负一定的领导职务，不要在介绍时显示，只需说出在某某单位工作即可。初次见面过份地表现自己容易引起对方的反感。

2. 如果你一连介绍几个朋友相识的话，应把他们邀在一起，简单扼要地介绍他们相互认识，不要拉着某一个人作点名式巡回，使对方尴尬。有时，在一个社交场合，自己很想认识某一个人，可又不便直接作自我介绍，可以找一个既认识自己又认识对方的人作介绍。特别是想去结交一个素不相识的异性朋友时，最好不要冒昧地直接自我介绍。介绍姓名时，口齿要清楚，并作必要的说明，如介绍李某，可以说是"木子李"；介绍章某，可以说是"立早章"，这样既听得明确，又便于记忆。被介绍者应以礼貌的语言向对方问候，点头或握手致意。现在，名片的使用逐渐广泛，在自我介绍或被人介绍时递上一张名片，是既礼貌，又容易使对方准确记住自己的好办法。

# 为他人做介绍

为他人做介绍，又称第三者介绍，是经第三者将彼此不相识的双方引见、介绍的一种交际方式。他人介绍，通常是双向的，即对被介绍者双方各

自作一番介绍。有时，也只进行单向的他人介绍，即只将被介绍者中某一方介绍给另一方。

为他人做介绍，需要把握下列要点：

**（一）了解介绍的顺序**

根据商务礼仪规范，在处理为他人做介绍的问题上，必须遵守"尊者优先了解情况"规则。先要确定双方地位的尊卑，然后先介绍位卑者，后介绍位尊者。这样，可使尊者先了解位卑者的情况。

根据规则，为他人作介绍时的礼仪顺序大致有以下几种：

1. 介绍上级与下级认识时，应先介绍下级，后介绍上级。

2. 介绍长辈与晚辈认识时，应先介绍晚辈，后介绍长辈。

3. 介绍年长者与年幼者认识时，应先介绍年幼者，后介绍年长者。

4. 介绍老师与学生认识时，应先介绍学生，后介绍老师。

5. 介绍女士与男士认识时，应先介绍给男士，后介绍女士。

6. 介绍已婚者与未婚者认识时，应先介绍未婚者，后介绍已婚者。

7. 介绍同事、朋友与家人认识时，应先介绍家人，后介绍同事、朋友。

8. 介绍来宾给主人认识时，应先介绍主人，后介绍来宾。

9. 介绍与会先到者与后来者认识时，应先介绍后来者，后介绍先到者。

10. 介绍职位、身份高者与职位、身份低者认识时，应先介绍职位、身份低者，后介绍职位、身份高者。

**（二）掌握介绍的方式**

由于实际需要的不同，为他人作介绍时的方式也不尽相同。

1. 一般式

一般式也称标准式，以介绍双方的姓名、单位、职务等为主，适用于正式场合。如："请允许我来为两位引见一下。这位是××公司销售部主任刘先生，这位是××集团市场部经理王女士。"

2. 简单式

只介绍双方姓名一项，甚至只提到双方姓氏而已，适用一般的社交场合。如："我来为大家介绍一下：这位是谢总，这位是徐董。希望大家合作愉快。"

3. 附加式

附加式也可以叫强调式，用于强调其中一位被介绍者与介绍者之间的关系，以期引起另一位被介绍者的重视。如："大家好！这位是飞跃公司的业务主管洋先生，这是小儿刘放，请各位多多关照。"

4. 引见式

介绍者所要做的，是将被介绍者双方引到一起即可，适用于普通场合。如："OK，两位认识一下吧。大家其实都曾经在一个公司共事，只是不在一个部门，接下来的，请自己说吧。"

5. 推荐式

介绍者经过精心准备再将某人举荐给某人，介绍者通常会对前者的优点加以重点介绍。通常适用于比较正规的场合。如："这位是阳远先生，这位是海天公司的赵海天董事长。阳先生是经济博士，管理学专家。赵总，我想您一定有兴趣和他聊聊吧。"

6. 礼仪式

礼仪式是一种最为正规的他人介绍，适用于正式场合。其语气、表达、称呼上都更为规范和谦恭。如："孙小姐，您好！请允许我把北京远方公司的执行总裁李力先生介绍给你。李先生，这位就是广东润发集团的人力资源经理孙晓小姐。"

经介绍与他人相识时，不要有意拿腔拿调，或是心不在焉；也不要低三下四、阿谀奉承地去讨好对方。

（三）注意介绍时的细节

在介绍他人时，介绍者与被介绍者都要注意一些细节：

1. 介绍者为被介绍者作介绍之前，要先征求双方被介绍者的意见。

2. 被介绍者在介绍者询问自己是否有意识认识某人时，一般应欣然表示接受。如果实在不愿意，应向介绍者说明缘由，取得谅解。

3. 当介绍者走上前来为被介绍者进行介绍时，被介绍者双方均应起身站立，面带微笑，大大方方地目视介绍者或者对方。

4. 介绍者介绍完毕，被介绍者双方应依照合乎礼仪的顺序进行握手，并且彼此使用"您好"、"很高兴认识您"、"久仰大名"、"幸会"等语句问候对方。

# 介绍集体

介绍集体实际上是介绍他人的一种特殊情况，即被介绍的一方或者双方不止一个人。介绍集体的时候，可以分为两种基本形式：

#### （一）单向式

当被介绍的双方一方为一个人，另一方为多人的时候，往往可以只把个人介绍给集体，因为个人比集体人少，所以其地位低。而不必再向个人介绍集体，集体的成员太多，不必一一介绍。

#### （二）双向式

双向式是指被介绍的双方都是多人所组成的集体。

进行介绍的时候，双方的全体人员都要被正式介绍，在公务交往中这种情况比较多见。它的常规做法是，应由主方负责人首先出面，依照主方在场者具体职务的高低，自高而低地依次对其进行介绍。接下来，再由客方负责人出面，依次介绍。

> 已经在邮电局上班的秋玉和初中同学丽丽周末去逛街，路上正好遇到秋玉的上司王经理，高兴地和上司打过招呼后，秋玉拉过同学说："丽丽，我给你介绍一下，这是我公司的王经理。王经理，这是我的初中同学丽丽。"这时王经理脸上露出了一丝不快，但还是对丽丽点点头说："很高兴认识你。"
>
> 王经理为什么脸上露出了不愉快的表情？

# ▶名片礼仪

名片是一个人身份的象征，当前已成为现代人交往中一种必不可少的联络工具，成为具有一定社会性、广泛性，便于携带、使用、保存和查阅的信息载体之一。机关企事业单位人员、商务人员在各种场合与他人进行交际应酬时，都离不开名片的使用。而名片的使用是否正确，已成为影响人际交往成功与否的一个因素。因此，要正确使用名片，就要对名片的递送、接受、存放讲究社交礼仪。

## 名片使用的礼仪

在现代社会，名片不仅具有进行自我介绍和保持联络的作用，还有其他多种用途：

1. 可用于留言

去拜访顾客时，对方不在，可将名片留下，顾客来后看到名片，就知道你来过了。

2. 可代表请柬

把注有时间、地点的名片装入信封发出，可以代表正规请柬，又比口头或电话邀请显得正式。

3. 可替代礼单

向友人、顾客赠送小礼物或鲜花时，如让人转交，可在礼物或花束中附上名片一张并写上几句恭贺之词，无形中关系又深了一层。

4. 可替代便函

熟悉的朋友家中发生了大事，对友人表示祝贺、感谢、介绍、辞行、慰问、馈赠以及吊唁等多种礼节，不便当面致意时，寄出名片一张，省时省事，又不失礼。

5. 可用于业务宣传

在进行业务往来时，名片是公司的招牌，具有类似广告的作用，可使对

方了解你所从事的业务。

6. 可用于通知变更

一旦调任、迁居或更改电话号码，送给至亲好友一张注明上述变动的名片，等于及时而又礼貌地打了招呼。

> 名片是我国古代文明的产物。据清代学者赵翼在其著作《该余丛考》中记载："古人通名，本用削木书字，汉时谓之谒，汉末谓之刺，汉以后则虽用纸，而仍相沿曰刺"。可见，名片的前身即我国古代所用的"谒"、"刺"。

# 名片递接的礼仪

1. 递送名片的礼仪

向对方递送名片时，应面带微笑，注视对方，将名片正对着对方，用双手的拇指和食指分别持握名片上端的两角送给对方。如果是坐着的，应当起立或欠身递送，递送时可以说一些："我叫×××，这是我的名片，请笑纳。"、"我的名片，请您收下。"之类的客气话。

名片的递送先后没有太严格的礼仪讲究，一般是地位低的人先向地位高的人递名片，男性先向女性递名片，客人先递给主人。当对方不止一人时，应先将名片递给职务较高或年龄较大者；如分不清职务高低和年龄大小时，则可先和自己对面左侧方的人交换名片。

名片代表一个人的身份，在未确定对方的来历之前，不要轻易递出名片。否则，不仅有失庄重，而且可能日后被冒用。同样，为了尊重对方的意愿，尽量不要向他人索要名片。

2. 接收名片的礼仪

接收他人递过来的名片时，应尽快起身或欠身，面带微笑，用双手的拇指和食指接住名片的下方两角，并视情况说："谢谢"、"能得到您的名片，真是十分荣幸"等。名片接到手后，应十分珍惜，切不可在手中摆弄，应认真看一下，千万不要随意放在桌上，随便拎在手上或在手中搓来揉去。如果是初次见面，最好将名片上的重要内容读出声来。读名片时，要注意语言轻重，要有抑扬顿挫，需要重读的主要是对方的职务、学衔、职称等。

当对方递给你名片之后，如果自己没有名片或没带名片，应当首先对对方表示歉意，再如实说明理由。如："很抱歉，我没有名片。""对不起，今天我带的名片用完了，过几天我会亲自寄一张给您的。"

# 名片存放的礼仪

1. 使用名片夹

随身携带的名片应使用专用的名片夹，公文包、办公抽屉里也应经常备有名片，以便随时使用。接过他人的名片看过之后，应将其精心存放在自己的名片夹或上衣口袋内。将名片放置于其他口袋，甚至后侧裤袋里是一种很失礼节的行为。

2. 名片夹的存放位置

在着西装时，名片夹只能放在左胸内侧的口袋里。左胸是心脏的所在地，将名片放在靠近心脏的地方，其含义无疑是对对方的一种礼貌和尊重。不穿西装时，名片夹可放于自己随身携带的公文包里。

3. 名片要经常整理

由于公务活动中需要接受的名片很多，因此，要及时把收到的名片加以分类收藏整理，不能将它随意夹在书刊、文件中，更不能把它随便扔在抽屉里面。最好将收到的名片夹在一起，将自己的名片另外放置；否则，一旦慌乱中误将他人的名片当作自己的名片送给对方，会是非常糟糕的。

测一测

　　两个人为一组，练习递接名片，并相互指出正确与错误的地方。

## ▶舞会礼仪

　　舞会是人们尤其是青年人喜爱的一种社交活动，它不仅带给人们精神上的愉悦，而且带给大家多方面美的感受。在这种场合，人既是演员，又是观众，既充分展示才华得到心理满足，又可自由地尽情饱览他人优美的舞姿，聆听演奏，陶冶情操。

## 交际舞知识

　　交际舞又称"宫廷舞"或"舞厅舞"。我国自20世纪50年代开始将其称为"交际舞"，其中严格规范的交际舞称为"国际标准交谊舞"，是一种国际性的社交活动舞蹈。交际舞的基本形式有7种，即：

　　布鲁斯（Blues），又称慢四步。

　　慢华尔兹（Slow Waltz），又称慢三步。

　　快华尔兹（Qwick Waltz），又称快三步。

狐步舞（Slow Fox Trot），即福克斯，又称中四步。

快步舞（Quick Step）。

伦巴舞（Rumba）。

探　戈（Tango）。

# 参加舞会的礼仪

1. 服饰要整洁大方，头发要梳理整齐，最好能吹烫一下。要洗去留在脸上的灰尘、汗水，精神焕发。

2. 夏天要注意全身的清洁和气味，参加舞会前要洗澡、换好衣服甚至洒些香水。

3. 男士要打扮得风度翩翩，一般穿西装，但也不宜过于笔挺，让人感到不易接近。夏季可穿丝绸面料的衣裤。

女士要打扮得舒展大方，最好穿连衣裙或大摆套裙。仪容可刻意修饰，但不必香气逼人。

4. 不要吃有刺激性气味的食物，如葱、姜、蒜、韭菜。不要喝酒。

5. 在舞场内，不要抽烟、喝酒、打牌，不要乱扔果皮、果壳、纸张。不要横穿舞池，应顺舞池边绕行。

# 邀舞的礼仪

1. 参加舞会的男女，即使互不相识，也可互相邀请。

2. 一般应男士主动邀请女士。舞曲声起，庄重地走到女士座前，右手前伸，略弯腰鞠躬，含笑点头致意说："请您跳一曲"，或说："跳一曲，可以吗？"

3. 男士来邀，女士一般不应拒绝。若不愿跳，应含笑婉言说明原因。如说："谢谢，我已邀好别人了。"或"对不起，我跳累了，想休息一会儿。"

4. 一曲未终，不宜再和别的舞伴共舞。

5. 邀女伴的途中，如果发现别人也同时走向选定对象，应互相谦让。

6. 不要站在两个女士中间，使她们不清楚邀请的是谁而难堪。独占一个舞伴，也很失礼。

7. 舞曲结束时，切忌不予理睬，各自分手。男士应将女士送回到原位入座，并主动道谢，女士应含笑答礼，男士方可离开。

# 对舞的姿势

1. 站：男女舞伴相互平行而立，各自向左错开1/3，以利于男导女随。

2. 脚：双足并合，右脚尖对准对方双脚中间，两人脚之间距6～10厘米。

3. 头：男女头部均各自向左转约45度，胸腰向后仰约25度。

4. 目：眼睛越过对方右肩上方向前平视，做到肩平、背直、收腹和微收下颌。

5. 手

（1）男士的手：男士左手与女士右手手掌相贴，上臂抬起，肘略低于肩，弯曲角等于或大于90度，并稍向后托，相贴的手举至女士的耳峰高，右上臂抬起，肘稍前曲折小臂，五指并拢扶抱在女士肩胛骨下半部，以掌部轻轻托住女士。

（2）女士的手：女士左手虎口张开，放在男士右上臂三角肌下部，腕部与小臂平齐，不要突起。右手四指并拢，放在男士拇指与四指之间。

6. 跳舞时，舞姿按上述要求，要做得优美、舒展、大方、轻盈，合上音乐的节拍和速度，潇洒自如地进退转侧。

测一测

1. 同学们，你记住了参加舞会的礼仪了吗？

2. 请在老师指导下，两人一组，男女同学搭配，练习对舞姿势。

第六章

# 职场礼仪

*Zhichang liyi*

## 细节决定成败

某次，在甲乙两公司的合作会谈仪式上，合同已签完字，两方负责人正准备握手合影，甲方代表突然拒绝合作，理由是乙方代表的眼镜上污秽不堪，连自己卫生仪表都处理不好的人怎么能处理好甲方几千万的工程呢？一次合作，一次机遇就这样失去了。

在会谈时，往往人们会更注重选择合适的会谈场所、时间，注重会谈的位次、服饰以及会谈时所运用的语言，而忽视了那些有着重要意义的细节，比如"一副清洁的眼镜"，所以在礼仪规范上真的是"细节决定成败"。

# ▶求职礼仪

　　求职礼仪是发生在求职过程中，求职者与招聘单位接待者接触时应具有的礼貌行为和仪表规范。

　　它通过求职者的应聘资料、语言、仪态、举止、仪表、着装打扮等方面体现其内在气质。无论是招聘者或者求职者，都站在同一公正、平等、互尊的位置上互相审视，是双向选择的过程。

　　注重求职礼仪，能帮助你抓住每一次机会，以最快的速度找到自己理想的栖身之地。

## 求职面试前的准备

### （一）准备好个人简历

　　一份吸引人的简历是获取面试机会的敲门砖。所以，写好一份动人的简历，成了求职者首要的工作。

　　1. 个人简历的内容

　　（1）个人基本情况。个人基本情况包括姓名、性别、地址、电话号码、年龄、民族、政治面貌等方面的内容。

　　（2）受教育程度。需要叙述中等学历以上的你参加过的教育和训练科目，按时间顺序列出就读学校的名称，在学校时期主修的科目，获得的文凭、学位或学分，取得的学术成就等，一般还应介绍求职者曾经获得的特别荣誉和奖励。

　　（3）工作简历。这一条适用于已经参加工作的人士。对于刚毕业，走出校门的学生，主要靠获得的文凭证书作为求职的凭证。

　　（4）其他特长和技能。这里包括应聘者获得的各种技能证书（如计算机

应用、会计等）、外语水平（托福等）、体育特长、音乐特长等，要写出最高成绩。

（5）从事过的社会活动。对于在校学生而言，应写上在校时参加的军训、专业实践、专业性实习及其他社会活动，以供用人单位参考。

2．个人简历的书写要求

（1）简历中填写的内容应实事求是。

（2）简历的内容要简洁、明确、重点突出，篇幅不宜过长，一般以1~2页为好。

（3）个人简历表以内的文字书写要整洁、规范，最好使用打印机打印；如是手写，字不要写得太潦草，千万不要出现错字、别字，如果你能写一手漂亮的字，用手写更能突出你的能力。

3．其他注意事项

（1）应聘者的学历证书、专业技术等级证书材料，可作为附件，将其复印件附在简历后面即可。

（2）个人简历中的内容应与求职信内容保持一致，不能自相矛盾。

（3）可以提供证明人，以提高简历的可信程度。如果让某人做证明人，事先征得其同意，注意证明人的姓名、职务、联系电话等内容。

（4）简历要使用干净、整洁的纸张，不要有涂改或污渍。

个人简历范文如下：

| 姓　　名 | 李真珍 | 性　　别 | | 女 |
|---|---|---|---|---|
| 民　　族 | 汉 | 政治面貌 | | 团　员 |
| 出生年月 | 1990年8月 | 受教育程度 | | 中　专 |
| 毕业院校 | 泸州财经学校 | 所学专业 | | 旅游服务与管理 |
| 身　　高 | 160厘米 | 联系电话 | | 1327982××× |
| 专业主修课程 | 旅游概论、中国旅游地理、旅游心理学、旅游政策与法规、模拟导游、旅游英语、旅游应用文写作、汉语言文学知识等 | | | |
| 获得证书 | 全国导游资格证书、计算机中级操作员、普通话二级甲等 | | | |
| 曾担任的职务 | 校学生会主席、班长 | | | |
| 性格品质 | 性格活泼外向，擅长人际交往，积极上进，有强烈的责任感和团队合作精神。 | | | |
| 爱好特长 | 爱好：旅游、摄影、篮球、唱歌。<br>特长：播音主持、舞蹈。 | | | |
| 从事的社会活动 | 1. 2007年参加新生入学军训7天，被评为优秀个人。<br>2. 2008年参加泸州市澄溪口光华社区文明新风自愿者活动。<br>3. 2009年参加××旅游社组织的暑期旅游实践活动，负责景点讲解。<br>4. 2009年参加市卫生、科技、文化"三下乡"社会实践活动。 | | | |
| 所获荣誉 | 2008年参加泸州市学生专业技能比赛获个人一等奖。<br>2008年度获学校文明礼仪之星。<br>2009年参加学校演讲比赛获个人一等奖。<br>2008、2009年度均被评为学校"三好学生"、"优秀学生干部"。<br>2009年度被评为学校优秀毕业生。 | | | |
| 个人自我推荐 | 本人性格外向，有良好的口头表达和沟通能力，同时有强烈的责任感和团队配合精神，掌握了本专业必需的操作技能和管理知识，有较强的组织管理能力。 | | | |
| 求职意向 | 旅游企业导游、前台接待人员；企业、事业单位文职人员等。 | | | |
| 学校推荐意见 | 该生在校期间表现优秀，积极要求进步，被列为入党积极分子培养对象。学习努力上进，工作认真负责，积极参加社会实践活动，多次在校、市举行的才艺和技能大赛中获奖，实习期间获优秀实习生荣誉，是一位优秀的毕业生。 | | | |

### （二）注重仪表、树立形象

1. 注重整体形象的塑造

仪表形象能体现一个人的文化修养、精神面貌、审美情趣和性格特征。求职者的形象魅力应体现在仪表美与心灵美的统一、语言美与行为美的统一、自然美与修饰美的统一上。

在最初的交往中，仪表往往比一个人的简历、介绍证明、文凭等的作用更直接。主考官往往通过仪表来判断求职者的身份、地位、学识、个性等，并形成一种特殊的心理定势和情绪定势，也叫"第一印象"，这个"第一印象"无形中左右着主考官的判断。

应聘一个职位，能力是最重要的，但仪表举止等礼仪素质也十分重要。一个衣冠不整，不修边幅的人很容易令人联想到工作也可能马马虎虎，拖拖沓沓不严谨。

2. 面试的着装要求

男士：

（1）注意整体卫生，面试前要洗澡、洗头，衣服和鞋子要清洁。

（2）不要吃有刺激性气味的食物，如葱、姜、蒜、韭菜。不要喝酒。

（3）面试时，要根据不同季节穿适合的服装。一般西装最适合。

（4）服装搭配一定要协调，着西装要穿深色皮鞋和深色袜子、干净的衬衫。

（5）衣服大小要合体，三色原则要铭记。

女士：

（1）注意面部的清洁，可化淡妆，头发梳理整齐。

（2）着装简洁，大方得体。

（3）职业套装是首选，注意服装的搭配。要穿皮鞋、长裤，颜色不能夸张，要协调。

（4）不宜穿过短、小、透、露的衣服。

# 求职面试中的礼仪

### （一）遵守时间、讲究诚信

1. 一定要遵守时间，不能迟到或违约。

洛杉矶大学分校的一项研究表明，个人给他人留下的印象，7%取决于言辞，38%取决于音质，55%取决于非语言交流。非语言交流的重要性可想而知。在面试中，恰当使用非语言交流的技巧将为你带来事半功倍的效果。

2. 迟到和违约是不礼貌的行为。求职者最好提早10~20分钟到达面试地点，这样可以先熟悉一下环境，也可以稍稍休息一下和稳定一下情绪，以免气喘吁吁，慌张进入面试室。

### （二）面试时关闭手机

面试时，应提前关闭手机。因为在面试中，如突然手机铃响，会打扰别人，同时也会影响自己应试。

### （三）进入面试室要先敲门

1. 进入面试室要先敲门，即使门是虚掩的，也应敲门，千万别推门就进，给人鲁莽、无礼的印象。

2. 敲门要注意轻重和频率，正确的做法是用右手的手指关节轻轻地敲三下，问一声："可以进来吗？"待得到允许后再轻轻推门而进。进门以后，转身静静地把门关好，动作要轻便，不发出声音。

### （四）面带微笑、主动打招呼

1. 面带微笑是一种常用的见面体态语。

2. 在你踏入面试室与主考官四目相交之时，应面带微笑；如果有多位考官，应环视一下，以眼神向所有的人致意。笑着向主考官点头打招呼，礼貌地问候"您好！"或"大家好！"。

3. 如果你一进门便听到对方亲切地问候"你好"或"很高兴见到你"等，则应该视情况回答"你好"或"见到你我也很高兴"。

4. 与主考官相识后，应稍微收敛笑容集中注意力，千万别不停地笑下去，别人会以为你不认真对待面试。

### （五）对方请你时再入座

1. 进入面试室不要自行坐下，要等主考官请你就座时再入座。

2. 对方叫你入座，应表示谢意，并坐在指定的椅子上。如果没有特意为你留座位，你可以选一个与面试人面对面的位置，这样在交谈时可以直视对方，而不能在座位上将身子扭来扭去。

3. 坐下时，挪动椅子不能发出声音，注意坐姿。

### （六）递物大方得体

　　带上个人简历、证件、介绍信或推荐信等必要的求职资料，见面时，一定要保证不用翻找就能迅速地取出所需资料，并双手递给主考官。

### （七）回答提问要沉着冷静

　　1. 回答提问要冷静沉稳，自我介绍的内容要有针对性，不能自我炫耀。

　　2. 缺点要点到为止，举止庄重、姿势端正、大方，眼睛应看着对方，不要显得不知所措、慌慌张张、面红耳赤，更不能表现出一副随随便便，满不在乎的样子，对自己的资料要非常熟悉。

**延伸阅读**

　　与主考官的意见不一致时，不要据理力争，虽然得到一时"嘴巴上的快活"，却会导致满盘皆输，要知道生死大权皆掌握在主考官手上，即使你不同意他的看法，也不要直接给予反驳，可以用诸如"是的，您说的也有道理，在这点上您是经验丰富的，不过我也遇到过一件事……"来与对方交流。

## 求职面试离开后的礼仪

### （一）面试结束离开前的礼仪

　　1. 主考官说面试结束，方可起立。

2. 礼貌地与主考官以握手方式道别，离开办公室时，应向主考官点头致意或微笑说"谢谢您，再见！"之类的话。

3. 离别时，应该把刚才坐的椅子扶正到刚进门时的位置，尽量避免发出声音。然后走出面试室。

（二）面试结束离开后的礼仪

面试结束后，回到学校要以书面、E-mail或者短信的形式向面试单位发出感谢信，感谢他们对你的认可和建议。范文如下：

尊敬的领导：

您好！

我是×××，是×月×日×位面试者，来自×××学校的中专生。

感谢贵公司给了我一个面试的机会。这次面试从各方面开阔了我的视野，增长了我的见识，使我得到了全方面的提高。相信您对我各方面综合能力的肯定一定能增强我的竞争优势，让我在求职的路上更加坚定自己的信心。感谢贵公司对我的关爱，感谢公司给我的这次毕生难忘的经历！

无论我这次能否被公司录用，我都坚信选择贵公司是明智之举。无论今后我会在哪个单位上班，我都会尽职尽责做一名具有强烈责任感、与单位荣辱与共的员工，一名扎根在单位、立志为社会创造最大价值的攀登者，一名积极进取脚踏实地极具创新意识的新型人才。

大千世界，芸芸众生如我者甚众，胜我者恒多。虽然我现在还很平凡，但勤奋进取永不服输。如蒙不弃，惠于录用，必竭尽才智，为公司鞠躬尽瘁！

感谢的同时，祝贵单位事业蒸蒸日上，一帆风顺！

此致

敬礼

×年×月×日

1. 假定参加一次求职面试，结合求职岗位，请为自己作一次形象设计。

2. 结合自身情况和职业生涯规划，写一份个人求职简历。

3. 先制订一份求职面试的礼仪方案，然后全班分组练习，每组分角色扮演面试官、求职者，模拟求职面试的整个过程，内容包括：

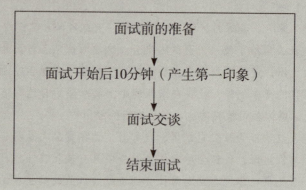

面试前的准备

↓

面试开始后10分钟（产生第一印象）

↓

面试交谈

↓

结束面试

# ▶日常工作礼仪

良好的礼仪是人际关系的润滑剂。无论在什么地方，礼仪都是不可缺少的。在日常工作中也是一样，尤其对刚入职的年轻毕业生显得更为重要。所谓的日常工作礼仪，就是指上班族在日常工作时应当遵守的行为规范。

## 上岗礼仪

经过十余载寒窗苦读，同学们通过种种考试，能够被用人单位录用并开始上岗，应该说已经是一个幸运者、胜利者了。而第一次上岗对于每一个人来说都是十分重要的，如果说应聘时是推销自我的话，上岗就是展示自我能力的开始，尤其首次效应十分重要。为了树立良好的第一印象，在走上新的工作岗位时，有一些礼仪是要讲的：

1. 要全面了解企业的各项规章制度。

2. 要了解管理各项业务工作的负责人姓名及其职责。

3. 当你有困难时不要不好意思求助于他人，人们愿意原谅无知，而不肯原谅错误。

4. 被介绍时一定要仔细听清并记住同事们的姓名，尽早区分认识。介绍时应起身握手，注意礼貌礼节。

> **养成好习惯**
>
> 每一名基层工作人员上岗时在实际工作中都必须以忠于职守为天职，没有忠于职守，便难言其爱岗敬业。忠于职守其实是爱岗敬业的主要表现形式，具体而言，应做到三点：
> 具有岗位意识。
> 具有责任意识。
> 具有时间意识。

# 上班礼仪

1. 上班时提前 10 分钟到办公室，逢人打招呼时应点头微笑，愉快地说声："早上好！"，然后做下列事情：

（1）打扫房间或用吸尘器清洁地毯。

（2）开窗透气，擦抹办公桌椅等用具，用酒精或消毒水给电话机听筒两端消毒。

（3）如果办公室养了花草，你可以为它们浇水、清理枯叶等。

（4）倒掉纸篓内的垃圾。

（5）检查审视墙壁饰物是否端正。

（6）调节室内空调温度和湿度，调整百叶窗或垂直帘角度，使之保持一致的角度。

（7）把日历翻到当天，检查时钟是否准确。

（8）把报纸杂志堆放排列整齐，准备好各类办公用品。

（9）把日程表和必要的文件资料、当日报纸放在上司桌上，准备好茶水。

2. 如果上班迟到，应和上司明确说明迟到原因，尤其应记得向同事打声招呼，因为自己的迟到而让同事费神照顾，当然得说声："对不起"或"有劳"，然后立刻投身于工作中。不要一再复述自己迟到的原因或经历，这样会耽误和影响自己和同事的工作，甚至招来上司的不满。有时由于午间也可能会有电话来访，因此除了吃饭，最好不要离开办公室。如果必须离开片刻，也应将手头工作或可能的来电暂时交代身边的同事代为关心一下。

3. 上司和同事休息时，你说话和接打电话声音应轻一些，也不要和同事大声聊天或窃窃私语，更不要把文件资料堆在办公桌，只顾忙自己的私事。

### 延伸阅读

基层工作人员的爱岗敬业，不仅表现为干一行爱一行，而且还表现为干一行通一行。因此，基层工作人员在实际工作中一定要努力钻研业务，努力精通业务，以便适应时代发展的需要，更好地为人民群众服务，更好地为祖国的社会主义现代化建设服务。具体而言，应做到三点：精通专业技术、掌握现代知识、重视知识更新。

# 下班礼仪

1. 下班时推迟 10 分钟离开办公室，一定不要在下班前几分钟或几十分钟便开始准备下班。当上司和同事离去时，一一和他们告别，比如说声："辛苦了！"或"明天见！"

2. 如果自己先走，也要打声招呼，千万不要一声不响地走掉，这样做是极为不礼貌的。如果是最后离开办公室，就要做完下列事情才可离开：

（1）将自己手头尚未完成的工作处理好，以便次日能尽快投入工作继续做下去。

（2）关闭所有办公设备（除传真机外），切断电源，锁好抽屉、柜橱门窗，再仔细检查一遍，确认无误后，锁门离开办公室。

# 上下级之间的礼仪

（一）下级对上级的礼仪

1. 不能越位

虽然被领导者与领导者之间不存在不可逾越的鸿沟，但是，社会客观却赋予这两者以不同的社会地位。就被领导者来说，在工作上，不能超越自己上级一定范围内的权限。如果下级替代了上级，就会带来工作上的混乱。从表面上看，被领导者好像多出了力，但效果不佳，而且副作用不少。譬如，影响别人的工作情结，影响工作秩序，妨碍领导职能的发挥，严重的会使一个单位出现混乱局面。在权力上，更不能越位，如果被领导者越权严重，就会导致领导大权旁落，使上级的领导意图无法得到贯彻，影响了与领导的关系，也影响了与同事的关系。总之，凡事不可越位，因为不管是决策越位、表态越位或工作越位，都会给与上级的关系带来损害。

2. 摆正关系

摆正关系是处理好上下级关系的前提。也许有人会说，与上级相处就是服从、服务于领导，完成其交办的任务。其实远非如此。作为被领导者来

说，如果过傲，易把关系搞僵；过卑则不能建立正常的关系；过俗易把上下级关系搞成权钱关系；过媚易使正直的上级感到厌烦。因此，被领导者的正确做法是动机要纯、心术要正。对领导既热情又不过火，既大度相处又不缩手缩脚。在工作上摆正严格的领导与被领导关系，作为下级要积极表现、勤奋工作，可隔一段时间主动向领导征求意见，针对自己的不足努力改进，这样坚持不懈，必将成为领导的得力助手，在事业上携手共进。

3. 尊重领导

作为被领导者，在工作中要尊重领导，维护领导的尊严。遇见领导要主动打招呼；碰到决断不了的事，要向领导请教；不论年龄大小、阅历深浅、水平高低，都应尊重其人格，维护其权威。对领导交办的工作应愉快地、创造性地完成，完不成的要向领导说明情况。同时，对领导的决策不背后评判，更不能通过贬低领导来抬高自己。

4. 当好参谋

被领导者若想让领导满意，最重要的就是具有完成本职工作的能力，出色地完成任务。如果被领导看成是无能、愚蠢、懒惰之辈，这对工作是很不利的。

除做好本职工作之外，还要当好领导的参谋。参谋重在参与。被领导者应为领导主动出谋划策，为本单位的发展多出工作点子，提合理化建议。特别是当领导在工作或生活中碰到麻烦和难题时，下级要挺身而出，为上级分忧解难；当领导遇到难处时，你若能体会到领导的处境，理解其难处，会令其格外感激。这样，上级既不会忘记患难之交，又认为你是他的高参，是他的得力助手。否则，领导会认为你是一个无知无识、无能无情的平庸之辈。

5. 谦虚诚实

被领导者应懂得尊重他人，有向领导请教学习的意向和行为，这样会得到领导的喜欢和赏识；反之，高傲、固执、自以为是、大出风头等，就会使领导生厌。另外，下属应诚实无伪、说老实话、办老实事、当老实人，言行一致、表里如一、不搞两面派、不弄虚作假。当然，诚实也要讲究艺术，否则会因诚实而犯错误，导致领导的不满或反感。

6. 忠诚可信

领导者一般都把被领导者当成自己的人，希望下级忠诚地跟随、拥戴、服从、支持自己。因此，被领导者应忠诚、讲信用、重感情，用实际行动表示对领导的信赖、敬重，这样，必将会得到领导的喜欢。对领导存有二心，"身在曹营心在汉"，或背叛领导，另攀高枝，这是领导最反感、最不能容忍的事。

7. 把握好与领导谈话的技巧

与领导交谈，除遵循一般礼节外，还要注意把握与领导谈话的场所、时机以及领导的心情等因素，应从容、自然、亲切、谦虚，切不可锋芒毕露、咄咄逼人，或哗众取庞、低三下四。与领导交谈时，要注意以下礼节：

（1）不要让领导感到疲劳。要讲究艺术，把握交谈的时间，不要使领导失去与自己交谈的兴趣。

（2）不用领导不懂的技术性强的术语，或抽象的、使人难解的词语与之交谈，更不能咬文嚼字、卖弄学才。

（3）表达内心的真实想法，不绕弯子，说话要直爽。但要讲究直爽的礼貌，粗鲁不是直爽。俗话说："凉菜冷饭尤可咽，粗言俗语难入耳。"

（4）寻找自然、活泼的话题，让领导充分地发表一些意见，被领导者可以适当地作些补充。这样，领导就会觉得你有知识、有见解，也自然而然地认识到你的能力与价值。

（5）保持自己的人格。被领导者与领导交谈时不要自我降低人格，有害怕心慌的心理。同时，要注意聆听领导讲话，领导讲时不能心不在焉，更不能轻易插话与打断。

（6）适当运用肢体语言。用手、眼、头的动作及面部表情表达言外之意，传谕内心之情，效果更佳。不过，动作不宜过大；否则，会适得其反。

（7）选择好的时间、地点。同领导交谈，选择好的时间和地点，能使交谈时思想专一，安心静气。

（8）与领导交谈时，不能沉默。对领导的讲话，被领导者应有所反应；否则，会使气氛沉闷、压抑，还会使领导误认为你有抵触情绪。

8. 掌握汇报工作的方式方法

向领导汇报工作情况时，有下列几个方面礼仪特点：

（1）遵守时间，不能失约。

（2）敲门并等允许后才可进门。

（3）要做到用语准确，句子简练。

（4）应做到语速适中，音量适度。

（5）汇报时间不宜过长。

（6）实事求是，有喜报喜，有忧报忧。

（7）如果领导未注意礼仪，作为下级，应以礼相待，或直言相陈。

（8）汇报结束后，不能匆匆离开，应注意退场礼仪。

9. 给领导提意见和建议时，要讲究方式方法

金无足赤，人无完人。领导是人不是神，也有说错话、办错事的时候，作为被领导者来说，应讲究提意见或建议的方式方法，既能达到目的，又不使领导反感或恼怒。作为下属，对领导的失误不能取消极态度，应出于公心敢于陈谏。但是要注意：

（1）选择适当的场合。

（2）利用适当的时机。

（3）采取适当的方式。

（4）不要急于否定。

（5）要因人而异。

10. 保持适当距离

与领导相处时，被领导者应把握好距离，不可太近，不能太远。太近会使人产生"媚上"的感觉，破坏自己的形象；太远会让领导觉得你高傲、冷漠、目空一切。因此，必须把握好度，而在异性上下级之间，则更应加以注意。

### （二）上级对下级的礼仪

1. 必须具备公仆意识

作为上级，必须是符合"全心全意为人民服务"的社会角色规范的公仆。上级应该树立服务观念，关心下属和群众的生活，及时倾听下级和群众的意见，为他们排忧解难，创造良好的工作、生活、学习、成才的条件。因此，作为上级，不仅要扮演好指挥者、管理者的角色，还要扮演好同事、公

仆的角色，与民同利共患，才能做到上下同心，相互理解信任，发展上下级之间和干群之间的交往，保证良好的人际关系。

2. 加强个性修养

作为上级，其个性品质特征尤其是性格修养和气质修养，对上下级之间的人际交往关系有至关重要的影响。因此在其个性修养上，应注意做到以下几点：

（1）守信践诺

作为上级应言而有信，不轻易许诺，凡已许下的诺言应言必行、行必果，努力办到。若实在无法办到也应尽快说明原委，作出解释，求得谅解，不可对所许诺言不负责任。

（2）与人为善

作为上级应以与人为善为出发点，严以律己、宽以待人；应择人所长、容人所短。在工作中应宽以待人、豁达大度、不妒贤能，常言道：宰相肚里能撑船。

（3）择人任事

作为上级应当善于发现人才和使用人才，在用人上应用其长而舍其短，分工科学、合理。要尽可能发挥每个人的长处，避免下级的受压抑心理，充分发挥其创造性和积极性。同时，也应尽可能地满足个体自我实现和自我发展的需要，使群体成员心情舒畅。

（4）任人唯贤

上级不应对下级有感情上的亲疏之分，更不能对给自己提出不同意见者存有偏见。不应当任人唯亲，搞特殊化，否则会使提意见的下属因缺乏安全感和信任感而对上级深怀戒心。而且上级也不应偏听偏信阿谀奉承之徒的不实之词，并为其所利用，而疏远了更多的下级和群众。

（5）畅通言路

言路不畅通会使下级不能经常地发表自己的意见，产生不被上级信任和承认的感觉，使上下级之间心存芥蒂，缺乏沟通和理解。因此，上级应广开言路，笑纳逆耳忠言，奖励那些敢于提出批评意见的下属。这样才能集思广益、消除隔膜、修正错误，并和下属之间形成心理上的接近，加深交往。

（6）兴趣相投

共同的兴趣爱好有利于促进交往。作为上级应尽可能多地培养各种兴趣，便于多和交往对象产生联系，发展人际关系，缩小心理距离。

（7）提高聚群性和社交能力

应养成乐于合群、待人热情、平等、性格外向、乐于交往的良好气质，提高人际感知能力、同感理解能力、人际表露能力和有效交往的能力。

（8）提高情绪和行为的自律性

作为上级，要和各种人打交道，处理各种棘手问题，如果情绪缺乏稳定性，必然反应强烈，难以控制。因此必须学会"克己"，保持冷静，以便妥善处理各种问题。

延伸阅读

尊重上级是一种天职，
尊重同事是一种本份，
尊重下级是一种美德，
尊重客户是一种常识，
尊重所有人是一种教养。

# 同事之间的礼仪

### （一）同事之间的协作

**1. 搞好关系**

办公室里的同事关系不同于家人和朋友，能否处得和谐、融洽，对工作是否轻松愉快有着很大的影响。同事交往的基本原则是平等与相互尊重。

**2. 公平竞争**

同事之间存在着竞争，但要遵循公平原则，不能为了某种利益就不择手段。可以通过发奋努力超过别人，也可以发挥自己的长处主动承担重任，但不可弄虚作假，贬低同事来抬高自己，更不能踩着别人肩膀往上爬。

**3. 团结协作**

同事之间要讲求协作精神。一件工作往往需要同事间相互协作，相互支持才能完成。自己的工作一定要克己奉公，不能推卸责任。需要帮助时要与同事商量，不可强求；对方请求帮助时，则应尽己所能真诚相助。对年长的同事要多学、多问、多尊重，对比自己年轻的新人则要多帮助、多鼓励、多爱护。

**4. 尊重他人**

要尊重他人的人格，尊重他人的物品，也要尊重他人的工作。在同事不在或未经允许的情况下，不要擅自动用别人的物品。如果必须动用，最好有第三者在场或留下便条致歉。当他人工作出色时，应予以肯定、祝贺；当他人工作不顺利时，予以同情、关心。在协作过程中，注意不可越俎代疱，以

免造成误会，令对方不快。

5. 不亲密不疏离

对同事要一视同仁，平等对待，不要结成小集团。一般来说，与同事的关系不要过于亲密，天天工作生活都在一起，一旦遇到利益之争和矛盾冲突，十分不好处理，容易伤害双方感情。但也不能过于疏离，要适时保持一定沟通和交流。

（二）与同事交往的基本原则

1. 真诚相待

同事间相处具有相近性、长期性、固定性，彼此都有较全面深刻的了解，真诚相待方能赢得同事的信任。信任是连结同事之间友谊的纽带，真诚是同事之间相互共事的基础。同事的工作受阻，或遇到挫折和不幸时，及时给予真诚的关心和帮助，在处理种种事情时，多设身处地替他人着想，就会获得别人的友谊和赞赏。

2. 言必信，行必果

要向同事许诺事情时，就要考虑到责任，没有把握或做不到的事情，不要信口允诺。允诺了的事情，无论遇到多大的困难，也要千方百计去完成。如果因为其他意外的原因无法达成，应诚恳地向对方表示歉意，不能不了了之。

3. 尊重他人

同事之间不管能力和水平有多大的差异，都要表现出必要的尊重。不要

在水平比你高、能力比你强的同事面前表现出缺乏自尊和自信，也不要在水平比你低、能力比你差的同事面前表现得盛气凌人。不要在同事面前说绝对话、过头话，不要扫他人的兴，不要以质问的口气对人说话，这些都是不尊重别人的表现。

4．少说话，多做事

在同事面前，不该说的不要说，特别是涉及别的同事、工作任务等方面的话题时，不要发牢骚。最好的办法是少说多做，用行动来表达自己的观点，特别是自己看不惯的现象，说多了容易引起别人的反感。

### （三）同事间的语言技巧

1．同事间在公务交往时的语言技巧

别忘了使用"您"、"请"、"劳驾"、"多谢"等文明用语。

2．工作之余的语言技巧

闲谈时可以随便些，开开玩笑，但要注意对象和场合。和年长者、前辈和不太熟的同事开玩笑是不恰当的。

3．说话音调宜低不宜高，切忌讲粗话，讲低级庸俗的笑语

话语中避免涉及同事的隐私或短处，不能挖苦、讽刺别人。谈话要自然随意，不要心不在焉，爱理不理的，也不要忸怩作态或哗众取宠。如果谈话中出现了矛盾、分歧，不必太当真，可以开个玩笑并转移话题，不要因为闲谈伤了同事间的和气。闲谈要把握尺寸，适可而止，绝不能耽误了正常工作。

### （四）同事相处"八不可"

1．不可随便交心。

2．不可有亲疏远近。

3．不可随便分担别人的工作。

4．不可在同事面前批评上司。

5．不可有过多的金钱往来。

6．不可加入传播流言的队伍。

7．不可命令别人。

8．不可过于张扬。

### （五）与异性同事交往

1．工作中不分性别礼仪

做任何工作与性别无关，工作做得好与坏才是唯一有价值的事。不管是谁，只要对某人过分亲近，就很容易招致误解，即使是好意，也可能带来麻烦。最好的办法就是无论男女均一视同仁，对谁都公平相待。

2．相恋的同事要公私分明

同事之间长期相处，产生恋情并不奇怪，关键是要处理好公事与私事的关系。办公室是工作的场所，即使是恋人也只能像普通同事一样相处。

3．感情上的事情应该放在工作之外

如果对某个同事产生好感，不要以提供工作便利的方式来讨好她/他，而应该以人格魅力、工作能力、才华等吸引她/他。

4．对年长的异性同事保持礼貌

男性青年对年长女性同事要避开有关年龄、婚姻以及个人隐私的话题。女性青年对年长男性同事不要因年龄悬殊而撒娇，以免出现信息误导。

5．年龄相当要保持适当的距离

即使是在工作中配合默契、共同话题很多的朋友，也不要单独相处过长时间，以免引起误解。

测一测

1．作为一名中职生，结合自身专业和职业规划，你准备在未来的就业岗位上如何开展好各方面工作呢？

2．你掌握同事交往礼仪的技巧了吗？结合目前情况，你与同学之间交往时受欢迎吗？请自查还有哪些地方不足，应该怎样改进？

## ▶ 会议礼仪

> 随着当今社会经济、文化交流与合作越来越频繁，各种会议活动越来越多，懂得会议礼仪对会议精神的执行有较大的促进作用。会议接待及组织工作更是展示一个单位工作面貌的重要窗口，对外，还可以树立良好的企业公众形象。

# 会议接待礼仪

**（一）仪容仪表的准备**

1. 注意个人卫生

2. 女性要有效修饰

化淡妆修饰，做到妆成有若无。

3. 保养你的衣物

用清洁剂使衣物保持鲜亮和干净，用漂白剂使衣物亮白。

（1）小心烫平衣服并用喷雾的方式浆硬衣服。

（2）确保每条裤腿前后各只有一条自上而下明显的折线。

（3）烫衣物之前要先除去污渍，或者送去干洗。

（4）检查衣裤，修补缺失的纽扣，并缝合裂开的接缝。

4. 要牢记穿衣注意事项。

前文已作介绍，这里不再赘述。

**（二）接待的准备**

1. 了解客人

首先应从了解客人的情况入手，以便进一步安排接待工作。主要了解：来客的姓名、身份、人数，来访的目的，到来的时间，乘何种交通工具。

2. 确定规格

所谓规格，就是接待的隆重程度和迎接人员的身份安排。确定接待规格，主要依据来客的身份和来访目的，同时还应考虑双方的关系。主要迎接人一般应与来宾的身份相当，这叫对等接待。

如果是有上下级关系的来客，则应主要根据来者的目的确定。如果是上级单位派人向下级单位口授指示、意见，或兄弟单位派人同本单位商谈业务，或下级单位来访有重要事宜，要高规格接待，领导要出面作陪。如果上级单位只是作调查或了解情况，接待时派个代表或由办公室帮助安排好调查对象就可以了。

### 3．其他准备

为了表示对客人的尊重，客人到来之前应把室内室外环境卫生清理一下。客人必经的道路、楼梯、楼梯扶手等都应清洁干净。室内布置要淡雅清新，使客人赏心悦目，心情舒畅。接待客人使用的桌椅、茶具应洗刷干净。

如在单位接待贵客，还可以写一些欢迎标语之类的东西。

### （三）迎接客人的注意事项

#### 1．接待外地来的客人

应派车到车站、机场、码头去迎接。接站应弄清客人所乘车次、班次及到达时间。

#### 2．接客人要提前到达

提前到达会使客人一出站便见到迎接的人，会使他十分愉快。绝不可迟到，客人出站若找不到迎接的人，会使他陷入失望和焦虑，事后不论你如何解释，也很难改变不愉快的最初印象。对身份较高的贵宾，应进站迎接，并安排到贵宾室稍事休息；对一般来客，要在出口处迎接。由于出口处人多拥挤，接站的人可以举一个牌子，上写"欢迎×××同志"。如果是会议性的，一趟车到站人数较多，可以写"××××会议接待处"。

#### 3．接到客人

接到客人后要先致以问候，作自我介绍，并帮助客人拿一下行李。要帮助拿较重的行李，客人随手提的公文包则不要代劳了，一方面公文包不重，另一方面公文包一般是放较重要的文件或证件、现金等贵重物品的，客人不喜欢轻易离手。

#### 4．讲究轿车坐次的尊卑

（1）谁在开车

何人驾驶轿车是关系座次尊卑的关键。

专职司机驾车：轿车的座次应当为后排为上座，前排为下座。

主人亲自驾车时：前排的副驾驶座应为上座。

**延伸阅读**

其他情况的坐次尊卑为：

1. 全家外出，应由男主人驾驶，在其身旁的副驾驶座上应当是女主人，孩子则应当坐在后排座位上。

2. 如果主人夫妇开车接送客人夫妇，客人夫妇坐在后排。

3. 若主人一人开车接送一对夫妇，则男宾座到副驾驶座上，若前排可同时坐3人，则应请女宾在中间就座。

（2）开什么车

轿车的类型不同，其座次尊卑也不同。

第一种情况：双排座轿车

专职司机开车时，座次的尊卑应当是：后排上，前排下，右为尊，左为卑。具体而言，后排右、左、中，前排副驾驶座。

后排右、左、中，前排副驾驶座示意图（●　④／②③①）

由主人亲自驾驶双排轿车时，车上其余的4个座位的顺序依次为：副驾驶座，后排右、左、中。

座位示意图（●　①／③④②）

第二种情况：3排7人座轿车

由专职司机驾驶时，车上其余6个座位（加上中间一排折叠椅的两个座位）的顺序依次为"后排右、左、中，中排右、左，副驾驶座。

座位示意图（●　⑥／⑤　④／②③①）

由主人驾驶时，座位的顺序依次为：副驾驶座，后排右，左，中座；中排右、左。

座位示意图（●　①／⑥　⑤／③④②）

第三种情况：3排9人座轿车

由专职司机驾驶时，车上其余8个座位的顺序依次是：中排右、中、左座；后排右、中、左座；前排右、中座。

| ● | ⑧ | ⑦ |
|---|---|---|
| ③ | ② | ① |
| ⑥ | ⑤ | ④ |

由主人驾驶车时，车上的座次依次为：前排右、中座；中排右、中、左座；后排右、中、左座。

| ● | ② | ① |
|---|---|---|
| ⑤ | ④ | ③ |
| ⑧ | ⑦ | ⑥ |

第四种情况：吉普车

副驾驶座总是上座，后排则讲究右高左低。

第五种情况：大中型轿车

通常的座位排列应当是由前而后，由右而左。

5．上下车的顺序

乘坐轿车时，一般应该由主人为客人、下属为领导、晚辈为长辈、男士为女士提供开关车门的服务，照顾他们上下车。

开门应按照先开后右车门，再左车门的次序，为对方开门时要用手遮挡车框提醒对方以免碰头，最后主人才从左侧后车门下车。

6．开车以后

要主动与客人寒暄，可以介绍一下这次活动的主要内容、日程安排，此前到达的已有哪些客人，有哪些人员参与活动等。还可以介绍一下当地的风土人情，问一下客人有什么私事要办，需不需要帮助等，不要使客人受到冷落。到了驻地，接待人员应先下车，给客人打开车门，说一声"慢下车"，招呼客人下车。

**（四）引路与安顿**

1．客人到来，道路不熟，主人应当随时给客人引路。主人为客人引路要讲礼仪。

如果没有其他领导在场，自己是主陪，要与客人并排走，不能落在后面，走到路口或拐弯时，应用手示意。

二人并行，以右为上，所以应请客人走在自己的右侧。

三人并行，中间为上，右侧次之，随行人员应走在左边。

与女士并行，男士应走在路的外侧；不能并行时，男士要走在女士后面。但在上楼、下车、进入关闭着的大门或在陌生的路上，男士要走在女士前面。

在电梯口、楼梯口与女士相遇，不管认识与否，都要主动让女士先行。外出时，要主动帮女士拿一些笨重的背包及脱下的外衣，但坤包除外。

2. 要乘电梯时，如有服务人员，应请客人先进；若无服务人员，则应自己先行一步，走进电梯，待客人进入后，再启动电梯。走出电梯应请客人先行，主人随后。

3. 到了门口，要告诉客人说："到了，请进。"主人把门打开，这时应该注意；如果门是向外开的，主人应把门向自己的方向拉开，请客人先走；如果门是向里开的，应把门推开，自己先进，并扶住拉手，不让门动，再请客人进去。

4. 客人入室以后，应先请客人坐下。客人入座后，在敬烟、献茶之后，主人再坐下。

若有服务人员，可以等客人入座后，主人即坐下，由服务人员倒茶，主人献烟。

若客人较多，应全面招呼，不要顾此失彼，不要过久逗留，这时只可稍事寒暄。首先介绍一下活动安排，了解一下对方有何要求、打算，介绍一下作息时间、服务设施等，即可告辞，使客人尽早休息，消除旅途疲劳。

离开之前，要向客人交待下一步安排，并告知客人有事如何跟自己联系。与此同时，要主动给客人办好报到、住宿手续。

对身份较高的贵客，应事先预定房间，带有秘书的，食宿手续，可由秘书办理。

### （五）送别客人

1. 客人来时，以礼相迎，客人告辞，还应当以礼相送，使整个接待善始善终。送客失礼会大大影响接待工作的效果。因为客人离开后，会很自然地回味、品评你的整个待客情况，冷漠地送客会产生长时间的不愉快，即使此前一直是彬彬有礼的，这时也会感到扫兴。因此，送客时，除了讲些告别的话外，还要讲究些送客艺术。

2. 大型社交活动的送客工作要复杂些，应有专人组织。在活动结束之前几天，就要了解客人的返程日期和要求、车次、班次和票种，并及时预购好车、机、船票。

3. 活动结束后，主人应到客人住处表示欢送，询问客人离开前还有什么需要交待、办理的事。

在离开时，主人要提前给客人结算好各项费用，并帮助搬运客人携带的物品。

用车将客人送到车站、码头，最好能送到车厢，安排好位子；对于贵客，应先联系好贵宾室，请客人在贵宾室候车。

客人所乘车（船）启动时，送行者应频频挥手告别。

# 会议准备礼仪

## （一）会务筹备组的建立
会务筹备应设两个小组：

1. 秘书小组与会务小组，秘书小组负责文字宣传准备。

2. 会务小组负责除文字宣传以外的所有工作，从会前的准备，会议开始的接待，会议中间的服务，直至会后的送行等。

## （二）会务准备
会务准备的内容很多，主要有：

1. 拟发好会议通知。会议通知必须写明开会的时间、地点以及会议主题和会议参加者等内容。

2. 安排好会场。会场的大小要根据会议内容和参加者多少而定，会场的布置也要和会议的内容相称。

3. 其他准备。根据会议的需要，决定会议是否需要组织参观，小型便宴等活动。

4. 做会务预算。会议的预算一般包括场地租用费、会场布置费、印刷品费、文书用品费、交通费、电话费、茶点饮料会餐费、礼品费等。

# 会议组织礼仪

### （一）工作性会议

工作性会议是由不同方面的人聚集在一起，为达成同一目标，得到统一结论而召开的会议，工作性会议的礼仪主要有以下几个方面：

1. 会议通知应阐明目的，以便会议参加者准备资料。

2. 会议应适于讨论。一般采用"圆桌型"会议，有利于提高会议的效果。

### （二）例会组织礼仪

例会是指有固定时间、固定地点、固定人员参加的制度性会议。例会的内容主要是传递信息或讨论工作。例会的礼仪主要有：

1. 与会者应准时到会。

2. 座位安排应紧凑。

3. 时间不宜过长。

### （三）报告会的组织与礼仪

报告会是邀请领导干部、专家学者或其他有关人员作专题报告的会议。报告会的礼仪主要有：

1. 选好报告人。

2. 向报告人介绍情况。

3. 对报告人要以礼相待，对报告人的邀请、迎送以及招待应周到、热情。

### （四）座谈会的组织与礼仪

座谈会是邀请有关人员参加交谈、讨论某个或某些问题，以达到沟通信息、联络感情的目的。座谈会的礼仪主要有以下几点：

1. 及时通知并说明内容。

2. 创造出融洽、热烈的气氛，最好是"圆桌型"会议。

3. 鼓励插话与争论。

# 会议座次安排

### （一）政务会议主席台座次的安排

1. 主席台必须排座次、放名签，以便领导同志对号入座，避免上台之后互相谦让。

2. 主席台座次排列有讲究：

（1）领导为奇数时：主要领导居中，2号领导在1号领导左手位置，3号领导在1号领导右手位置，其他以此类推。如下图：

（2）领导为偶数时：1、2号领导同时居中，2号领导依然在1号领导左手位置，3号领导依然在1号领导右手位置，其他以此类推。如下图：

3. 几个领导同时上主席台，通常按机关排列次序排列。可灵活掌握，不生搬硬套。比如：

（1）对一些德高望重的老同志，也可适当往前排，而对一些较年轻的领导同志，可适当往后排。

（2）对邀请的上级单位或兄弟单位的来宾，也不一定非得按职务高低来排，通常掌握的原则是：上级单位或同级单位的来宾，其实际职务略低于主人一方领导的，可安排在主席台适当位置就座。这样，既体现出对客人的尊重，又使主客都感到较为得体。

4. 对上主席台的领导同志能否届时出席会议，在开会前务必逐一落实。

> **延伸阅读**
>
> 　　县级领导排名是：县委书记、县委副书记、人大、政协主要负责人、常委（按市委公布顺序）、人大副职、政府副职、政协副职、县长助理（按公布先后顺序）。

领导同志到会场后，要安排在休息室稍候，再逐一核实，并告之上台后所坐方位。如主席台人数很多，还应准备座位图。如有临时变化，应及时调整座次、桌签，防止主席台上出现桌签差错或领导空缺。还要注意认真填写桌签，谨防错别字出现。

### （二）商务会议的座次安排

商务场合中的座次多数是按照国际惯例来安排的。基本原则是：

1. 右高左低，前高后低，中间高于两侧。

2. 如果考虑房门，还应遵循远高近低的原则。意思是离门远的位置为上座。

3. 一般情况下，商务会议座次的安排分成两类：方桌会议和圆桌会议。会议室中是长方形的桌子（包括椭圆形），就是所谓的方桌会议，方桌会议可以体现主次。

（1）方桌会议

如果是由主客双方来参加的会议，一般分两侧来就坐，主人坐在会议桌的右边，而客人坐在会议桌的左边。

长条桌或椭圆桌

如果只有一位领导，那么他一般坐在这个长方形的短边的这边，或者是比较靠里的位置。就是说以会议室的门为基准点，在里侧是主宾的位置。

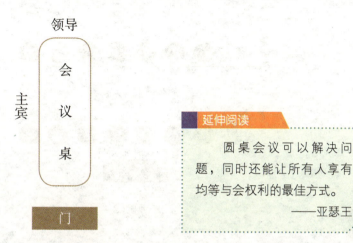

（2）圆桌会议

为了尽量避免主次的安排，而以圆形桌为布局，就是圆桌会议。在圆桌会议中，则可以不用拘泥这么多的礼节，主要记住以门作为基准点，比较靠里面的位置是比较主要的座位就可以了。

（三）商务谈判的座次安排

商务谈判多为双边谈判。双边谈判时，宾主分列长桌或椭圆形桌的两侧。

1. 如果竖放（顺着门的方面）：应以进门方向为准，右侧为上，属于客方；左侧为下，属于主方。

2. 如果横放：面对正门的一方为上，应属于客方；背对正门的一方为下，应属于主方。

主谈人员应在自己一方居中而坐。其他人员按照右高左低的原则，自近而远分坐。国际惯例与政务礼仪会议座次相悖。如果双方各带翻译，应就坐于主谈人员之右。

客方　⑥　④　②　①　③　⑤　⑦

会　议　桌

主方　⑦　⑤　③　①　②　④　⑥

门

# 会后工作礼仪

1. 整理会议记录。

2. 安排与会人员离会。

包括为与会人员结算钱款，回收需要回收的文件等，对于外地与会者，还应提前登记并为代购返程车（船、机）票。

3. 会议文件的立卷归档。

4. 会议新闻报道。

5. 会务工作总结。

这是会务工作的最后一件事，一般由会议领导人员召集会务工作人员来进行，有时还要写出会务工作的总结报告。

测一测

1. 请分析以下案例

大地公司定于2003年2月15日在北京召开为期两天的新产品推广会，邀请了国内外十几家合作公司的管理人员、技术人员等近百人参加。秘书刘丹负责安排接站报到工作，但因春节客流量较大，她又缺乏一定的经验，至使部

分与会者没能找到接站处，费了很大的周折才找到报到地点，因而损害了企业的良好形象。

请同学们分析：刘丹应该怎样安排会议接站工作才最妥贴？需要事先做好哪些准备工作？

2. 请同学们自行组织或参加一次小型会议，并做一份会议记录。

### 会议记录

| 会议名称 | | | |
|---|---|---|---|
| 会议时间 | | 会议地点 | |
| 会议主持人 | | 记 录 人 | |
| 参会人员 | | | |
| 会议主要内容 | | | |

3. 你记住了汽车的座次尊卑了吗？

# 第七章

# 涉外礼仪

## *Shewai liyi*

## 周总理送客，礼数周全

　　1962年，周恩来总理到西郊机场为西哈努克亲王和夫人送行。亲王的飞机刚起飞，我国参加欢送的人群便自行散开，各自找车准备返回，而周恩来这时却依然笔直地站在原地未动，并要工作人员立即把那些登车的同志请回来。这次周总理发了脾气，他狠狠地批评道："你们怎么搞的，没有一点礼貌各国外交使节还在那里，飞机还没有飞远，客人还没有走，你们倒先走了。大国这样对小国客人不是搞大国主义吗?"当天下午，周总理就把外交部礼宾司和国务院机关事务管理局的负责同志找去，要他们立即在《礼宾工作条例》上加上一条，即今后到机场为贵宾送行，须等到飞机起飞，绕场一周，双翼摆动三次表示谢意后，送行者方可离开。

## ▶涉外礼仪的基本要求

涉外礼仪不仅要求人们在对外交往中以礼待人，还要求人们对世界各国的传统文化、风土人情、民俗禁忌有广泛的了解。随着对外开放的不断扩大，国人与外宾交往的机会越来越多，这就需要我们以通晓异国之礼仪来增进友谊，促进合作。

## 维护形象，不卑不亢

1. 在国际交往中，人们普遍对交往对象的个人形象备加关注，并且都十分重视遵照规范，用得体的方式塑造，维护自己的个人形象。这是因为个人形象真实地体现着个人的教养和品位、精神风貌与生活态度。也如实地展现对交往对象的重视程度。

2. 在维护个人形象时，注意六个要求：
◎仪容　　◎表情　　◎举止
◎服饰　　◎谈吐　　◎待人接物

3. 必须意识到自己在外国人眼里，是代表自己的国家、民族和所在单位。因此，在外宾面前，既不能畏惧自卑、低三下四，也不要狂傲自大、放肆嚣张，而应当堂堂正正，从容得体。

**延伸阅读**

涉外礼仪是指在对外交往活动中，用以维护自身和本国形象，向交往对象表示尊敬和友好的国际通用的礼节规范。

## 求同存异，入乡随俗

1. 求同存异，国际交往中大体有三种方法
（1）以我为主：即涉外交往中基本上采用本国礼仪。

（2）兼及他方：即在涉外交往中基本上采用本国礼仪的同时，适宜地采用一些交往对象所在国现行的礼仪。

（3）求同存异：指在涉外活动中为了减少麻烦，避免误会，最为可行的做法是既要了解交往对象所在国的礼仪与习俗，并予以尊重，又要对与国际上所通用的礼仪惯例认真地加以遵守。

2. 入乡随俗是基本原则

要真正做到尊重交往对象，首先就必须学习尊重对方所独有的风俗习惯。在涉外交往中要注意两个问题：

（1）须充分地了解与交往对象相关的习俗。做到"入境而问禁，入国而问俗，入门而问讳。"

（2）交往对象所特有的习俗，要无条件地加以尊重。

# 热情有度，谦虚适当

1. 做到热情有度的关键有四个方面

◎关心有度　　◎批评有度

◎距离有度　　◎举目有度

2. 谦虚适当，在涉外场合要做到四点

（1）当外国友人赞美自己的相貌、衣饰时，一定要记住落落大方地道上一声："谢谢"。

（2）当外国友人称道自己的工作，技术或服务时，同时要大大方方地认可。

（3）在涉外交往中当需要进行自我介绍或对自己的工作、学习、生活、服务、产品、技术、能力、特长、进行介绍时，要敢于并且善于实话实说。

（4）当自己同外国友人进行交际应酬时，一旦涉及自己正在忙什么、干什么的时候，无论如何都不要脱口而出，说什么自己是"瞎忙"、"混日子"等，这样，对方会认为你是不无正业的人。

## 尊重理解，信守约定

1. 在涉外交往中，尊重对方，不仅要尊重对方所有的风俗习惯，还要尊重个人隐私。个人隐私包括收入支出、年龄、恋爱婚姻、身体健康、家庭住址、个人经历、信仰政见、所忙何事等。

2. 信守约定，这是国际礼仪中严格要求自己的原则之一。要做到信守约定主要有：

（1）在交往中，许诺必须谨慎。

（2）对于自己已经做出的约定，务必要认真地加以遵守。

（3）万一由于难以抵抗的因素，致使自己单方面失约或是有约难行，需要尽早向有关各方通报，如实解释，并且还要郑重其事地向对方致以歉意。

## 注意礼节，施礼恰当

### 一、称呼

在国际交往中，一般对男士称"先生"。"女士"是西方国家对成年女性的通称，已婚女子称"夫人"，未婚女子称"小姐"。不了解婚姻状况的女子，可称"小姐"。这些称呼可冠以姓名、职称、衔称等。

### 二、见面行礼

在国际交往中，见面礼有：

1. 合十礼。通行于南亚与东南亚信奉佛教的国家，一般手合得越高，表示对对方越尊敬，但不能高过眼睛。

2. 拥抱礼。这是流行于欧美的一种见面礼，多用于迎送宾客或表示祝贺、感谢等场合，通常与接吻礼同时进行。有时是热情友好的拥抱，有时是属礼节性的拥抱。拥抱礼行礼时，通常是两人相对而立，各自右臂偏上，左臂偏下，右手环抚于对方的左后肩，左手环抚于对方的右后腰，彼此将胸部各向左倾而紧紧相抱，并头部相贴，然后再向右倾而相抱，接着再做一次左倾相抱。在普通场合，以拥抱为礼，则不必讲究。

3. 亲吻礼。行此礼时，往往与一定程度的拥抱相结合。不同身份的人，相互亲吻的部位也有所不同。一般而言，夫妻、恋人或情人之间，宜吻唇；长辈与晚辈之间，宜吻脸或额；平辈之间，宜贴面。在公开场合，关系亲密的女子之间可吻脸，男女之间可贴面，晚辈对尊长可吻额，男子对尊贵的女子可吻其手指或手背。非洲某些部族的居民，常以亲吻酋长的脚或酋长走过的地方为荣。在古罗马与古波斯等国，同阶级的人可以吻唇，不同阶级的人只能吻面。

西方现代的亲吻礼，在欧美许多国家广为盛行。美国人尤其受行此礼，法国人不仅在男女间，而且在男子间也多行此礼。法国男子亲吻时，常常行两次，即左右脸颊各吻一次。比利时人的亲吻比较热烈，往往反复多次。

在当代，许多国家的迎宾场合，宾主往往以握手、拥抱、左右吻面或贴面的连动性礼节，以示敬意。

# 女士优先，以右为尊

1. 在一切社交场合，每一名成年男子，都有义务主动自觉地以自己的实际行动去尊重、照顾、体谅、关心和保护妇女，以后还要想方设法、尽心竭力地去为妇女排忧解难。

2. 以右为尊，这是国际礼仪中最基本的一项礼仪。

# 静观其变，注重环保

**延伸阅读**

　　1981年，一张菲律宾人杀狗的照片在英国引起轰动，英国动物保护爱好者协会为此专门向菲律宾驻英国的大使馆递交了抗议书。

　　一般来说，欧美国家对所有的野生动物和宠物都予以保护，他们认为，这些动物和人类一样，都是上帝创造的生灵，同样拥有生存的权利；再加上近来环境保护主义的盛行，保护动物还被看作是环境保护的最主要内容之一，所以这些国家的人们普遍反对人为地减少动物的数量。而宠物则往往被看作是家庭的成员，所以宠物和人一样应该得到尊重和保护。所有这些观点都是西方社会普遍接受的，这里面或有历史的，或有科学的道理，或有不合理的地方，有很多观点是我们无法接受的，但无论怎样，爱护动物的思想已经被这些国家的法律界人士所接受，有的还形成了法律。

　　1. 在涉外交往中，面对自己一时难以应付、举棋不定或不知道到底怎样做好的情况时，最明智的做法是尽可能避免采取任何行动，免得出丑露怯，可与绝大多数在场者在行动上保持一致。

　　2. 环保意识属社会公德范畴，在国际交往中，被用来衡量一个人有无教养、讲不讲文明的重要标志。因此，特别要注意不可毁损自然环境、损坏公物、虐待动物、乱堆乱挂私人物品、乱扔乱丢废弃物品、随地吐痰、随意吸烟、任意制造噪音等。

**测一测**

　　1. 生活中，你与外宾接触过吗？如果有，你是如何与他们打招呼或共同相处的呢？

　　2. 作为一名中职生，在涉外场合中应怎样做到谦虚恰当？

## ▶外国部分国家主要禁忌

随着现在对外活动的增加，我们需要了解世界各国各民族的基本情况、风俗习惯，礼貌礼节和禁忌等，以便在各种接触中尊重各国各民族。世界上有200多个国家和地区，居住着2000多个民族，由于国家、地域民族文化背景的差异，其风土人情、礼仪礼节形式也大不相同。

# 美　国

**延伸阅读**

1990年，美国俄亥俄州斯特朗维尔市的一个人开车不慎轧死了一只鸭子，竟被当地法官以杀害动物罪判处入狱2个月，还罚款75美元。这个案例说明了在某些国家，尤其是在西方国家，动物受到了特别的保护。鸭子还仅仅是普通的动物，如果是珍稀动物，就可能上升为外交问题。

美国人忌讳"13"和"星期五"。

忌讳别人询问他们年龄、买东西的价钱。

忌讳见面时说他们胖了，因为在美国有"瘦富"、"胖穷"之说。

忌讳向妇女送香水、衣物、化妆品（可送头巾和手帕）。

美国人不喜欢服务人员给他们香巾擦脸。

美国老人上楼、爬山不要去搀扶。

忌同性之间跳舞，因有同性恋之嫌。

忌讳送带有公司标志的礼物，因为有做广告之嫌。

忌蝙蝠和用蝙蝠作图案的商品、包装品，认为这是凶神的象征。

# 英　国

对英国人避免使用"English"（英格兰人）这个称呼，而要用"British"（不列颠人）这个称呼。

忌讳"13"和"星期五"，如果某日是"13"号，又是星期五，那么一般不举行活动。甚至门牌号、楼层号、宴会桌号、车队的编号等都不用"13"这个数。

**延伸阅读**

英国人忌讳"13"和"星期五"，关于这个忌讳的传说有几个：夏娃给亚当吃禁果之日是13号、星期五；耶稣被处死前举行的"最后的晚餐"那天恰巧是星期五，而来的最后一位客人——第13人是出卖耶稣的犹大；耶稣被钉十字架是13号、星期五；中古时代，绞人的刽子手的薪金是13个钱币，绞台有13级……

忌讳"三",特别忌用打火机或火柴为他们点第三支烟。

忌讳四人交叉握手,认为这样会招来不幸。

忌讳别人询问他们个人隐私。

忌下班后在餐桌上谈工作。

忌讳墨绿色、忌黑猫,尤其忌讳黑猫从他们面前穿过,不喜欢大象及其图案,认为大象笨拙。

忌讳百合花,把百合花看作是死亡的象征。

# 泰 国

最忌人触摸头部,他们认为头是智慧所在,是宝贵的。小孩子是绝不可摸大人头的;若打了小孩子的头,他们认为孩子一定会生病。

忌讳睡觉头西脚东,忌用脚指东西,用脚踢门。

忌讳盘腿或双脚叉开坐,长辈在场,坐地下时,要避免高于长辈的头。

认为左手不洁,忌讳左手递东西,忌用红笔签名,红颜色刻字。

当着泰国人的面,最好不要踩门坎,他们认为门坎下住着神灵。

# 新加坡

与新加坡人谈话，忌谈宗教与政治方面的问题，不能向他们讲"恭喜发财"的话，因为他们认为这句话有教唆别人发横财之嫌，是挑逗、煽动他人干于社会和他人有害的事。

忌乌龟，认为是不祥之物。

忌左手递东西或食物。

不喜欢"7"这个数字，认为它是消极的数字。

大年初一，必须把扫帚收起来，绝不许扫地，认为这天扫地会把好运扫走。

# 俄罗斯

俄罗斯人忌讳"13"这个数。

忌讳黑猫、兔子，如黑猫或兔子从自己面前跑过，认为这是不祥之兆。

忌讳打翻盐罐或将盐撒在地上，认为这是家庭不和的预兆，为了摆脱凶险、逢凶化吉，习惯将撒在地上的盐拾起来撒在自己身上。

# 法 国

忌讳"13"这个数，认为"星期五"不吉利。

忌讳别人打听他们的政治倾向、工资及个人私事。

忌讳询问女子的年龄。

忌讳称老年妇女为"老太太"，认为这是侮辱性语言。

忌讳男士向女士赠香水，因为这有"图谋不轨"之嫌。

忌讳黄色的花，认为黄色象征不忠诚。

忌讳黑桃图案，视之为不吉利。

忌讳墨绿色，因为纳粹军服是墨绿色。

忌讳菊花、杜鹃花、纸花等，桃花也是不祥之物。

忌讲蹩脚的法语，认为这是对他们国家的侮辱。

# 德 国

忌讳"13"和"星期五"。

忌讳蔷薇和菊花，认为这些花是悼念死者用的，玫瑰花不能随意送人，因为这是专为情人准备的。

忌讳茶色、黑色、红色、深蓝色。

忌讳在公共场合窃窃私语，不喜欢听恭维话。

# 意大利

忌讳"13"和"星期五"。

忌讳菊花，菊花是在葬礼上用的。

忌以手帕送人，认为手帕是惜别时擦泪用的，令人伤感。

忌讳别人用目光盯视他们，认为这是对人的不尊重，还可能有不良企图。

给意大利人倒酒时，切忌反手倒，这意味着"势不两立"。

# 印　度

印度人把牛当作神圣之物，故特别忌讳吃牛肉和用牛皮做的东西。

蛇也是被看作神圣的，故视杀蛇为触犯神。

忌讳用澡盆给孩子洗澡，认为盆中之水是"死水"，用澡盆给孩子洗澡是不人道的行为。

忌讳左手取物和递东西。

忌讳众人在同一食盘中取食物。

印度教上层人士食素戒荤，连用素食制成的仿生食品也忌食。

# 日　本

日本人不喜欢紫色，忌讳绿色，认为绿色不祥。

忌讳狐狸、獾及荷花，菊花和带有菊花图案的物品不能随意送人，因为这是皇家的标志。

日本人不喜欢偶数而对奇数颇有好感，忌数字"4"（日语中发音和"死"相似），所以宾馆不要把他们安排在4号楼层及第4餐桌；忌数字"9"（日语中发音和"苦"近似）；忌梳子（发音近似"苦死"），忌讳遇到黄色眼珠的猫，认为这样人要倒霉。日本人饮食上忌讳八种用筷子的方法，即舔筷、迷筷、移筷、扭筷、插筷、掏筷、跨筷、剔筷。同时，忌用同一双筷子给席上所有人夹取食物。

测一测

同学们去国外旅行过吗？如果到了新加坡、泰国，你记住要禁忌的事项了吗？

▶附录一

# 文明礼仪中外名言警句

★非礼勿视，非礼勿听，非礼勿言，非礼勿动。——孔子

★博学于文，约之以礼。——孔子

★礼者，人道之极也。——荀子

★人无礼则不生，事无礼则不成，国家无礼则不宁。——荀子

★礼以行义，义以生利，利民，政之大节也。——《左传》

★人有礼则安，无礼则危。——《礼记》

★凡人之所以贵于禽兽者，以有礼也。——《晏子春秋》

★在宴席上最让人开胃的就是主人的礼节。——莎士比亚

★世界上最廉价，而且能得到最大收益的一项物质，就是礼节。——拿破仑

★在人与人的交往中，礼仪越周到越保险。——托·卡莱尔

★礼貌经常可以替代最高贵的感情。—— 梅里美

★彬彬有礼的风度，主要是自我克制的表现。——爱迪生

★知识使人变得文雅，而交际使人变得完善。——乔·富勒

★谦恭有礼，人人欢迎。——托马斯·福特

▶附录二

# 交友习语

★ 贫贱之交　指在贫困时结交的朋友。

★ 杵臼之交　指交友不分贵贱。

★ 布衣之交　指平民百姓之间交往的友谊。

★ 平昔之交　指往日结交的朋友。

★ 竹马之交　指幼年之友。

★ 忘年之交　指不计年长岁幼，以才能、德行为主的交往。

★ 款　　交　指真诚相待的朋友

★ 君子之交　指看上去很平淡，实际上很重道义的朋友。

★ 车笠之交　指不因贵贱的变化而改变深厚友情的朋友。

★ 忘行之交　指彼此以心相许，不拘形迹的朋友。

★ 肺腑之交　指无话不谈，推心置腹的朋友。

★ 金兰之交　指友情契合，如兄弟般的朋友。

★ 石　　交　指友谊坚固的朋友。

★ 金石之交　指友谊深厚，如金石之坚固。

★ 刎颈之交　指即使掉脑袋也不会变心的朋友。

★ 再世之交　指与人父子两代都结交为朋友。

★ 莫逆之交　指非常要好，彼此情投意合的朋友。

附录三

# 重要节日表

| 节日名 | 时间 |
| --- | --- |
| 元旦节 | 1月1日 |
| 情人节 | 2月14日 |
| 国际妇女节 | 3月8日 |
| 国际劳动节 | 5月1日 |
| 中国青年节 | 5月4日 |
| 国际护士节 | 5月12日 |
| 国际母亲节 | 5月的第二个星期日 |
| 国际父亲节 | 6月的第三个星期日 |
| 国际儿童节 | 6月1日 |
| 建党节 | 7月1日 |
| 建军节 | 8月1日 |
| 教师节 | 9月10日 |
| 国庆节 | 10月1日 |
| 圣诞节 | 12月25日 |
| 春 节 | 农历正月初一 |
| 元宵节 | 农历正月十五 |
| 端午节 | 农历五月初五 |
| 中秋节 | 农历八月十五 |
| 重阳节 | 农历九月初九 |

# 结婚年数美称表

| 年份 | 称谓 | 年份 | 称谓 |
| --- | --- | --- | --- |
| 1 | 纸　婚 | 14 | 象牙婚 |
| 2 | 棉　婚 | 15 | 水晶婚 |
| 3 | 皮　婚 | 20 | 磁　婚 |
| 4 | 花果婚 | 25 | 银　婚 |
| 5 | 木　婚 | 30 | 珍珠婚 |
| 6 | 糖　婚 | 35 | 珊瑚婚 |
| 7 | 毛　婚 | 40 | 红宝石婚 |
| 8 | 铜　婚 | 45 | 青玉婚 |
| 9 | 陶　婚 | 50 | 金　婚 |
| 10 | 锡　婚 | 55 | 绿宝石婚 |
| 11 | 钢　婚 | 60 | 金刚石婚 |
| 12 | 丝　婚 | 70 | 白金婚 |
| 13 | 花边婚 | 75 | 白石婚 |

▶ 附录五

# 一年四季适用的茶类

| 季节 | 适用茶类 | 制作和种类 | 特征和功能 |
|---|---|---|---|
| 春季 | 花茶 | 又称熏花茶，是用茶叶和香花进行制作，使茶叶吸收花香而制成的香茶。茶叶多为绿茶，花多为茉莉花、白兰花、珠兰花、桂花等。 | 幽雅芬芳的香气、醇厚鲜爽的滋味，可驱残存之寒气，促阳气的生发。 |
| 夏季 | 绿茶 | 绿茶，属不发酵茶。经杀青、揉捻、干燥等三个典型工艺过程制成茶叶。冲泡后的茶汤、叶底以绿色为主调，故得名。绿茶中的十大名茶为：西湖龙井、碧螺春、屯绿、黄山毛峰、太平猴魁、六安瓜片、庐山云雾、君山银针、顾诸紫笋和四川蒙顶。 | 绿茶中含有的茶氨酸、儿茶素，可改善血液流动作用，有助于收汗、有助于降温。在防止肥胖、脑中风和心脏病有一定效用。 |
| 秋季 | 乌龙茶 | 乌龙茶，有茶中"明珠"之称，属半发酵茶。乌龙茶按发酵程度的深浅，可以划分为下列三类：①包种茶：茶多酚轻微氧化。做青发酵程度较轻，稍带青绿。②传统乌龙茶：武夷岩茶（包括闽北水仙、广东风圣凰水仙、单丛和岭头单丛）、安溪铁观音（包括福建、灌广东的色种几乌龙）发酵程度比台湾乌龙轻，比包种茶重。③台湾乌龙：发酵程度较重，汤色偏红或呈橙红色。 | 茶汤如金，味醇浓郁。具有提神益思，消除疲劳、生津利尿、解热防暑、杀菌消炎、解毒防病、消食去腻、减肥健美等保健功能外，还突出表现在防癌症、降血脂、抗衰老等特殊功效。 |
| 冬季 | 红茶 | 属发酵茶，呈红色而得名。如安徽祁门的祁红，云南风庆的滇红，福建福安的闽红，湖北宜昌的宜红，江西修水的宁红，湖南安化的湖红，浙江绍兴的越红等，都是名茶，尤以祁红、滇红、宜红质量最佳，驰名中外。 | 色泽乌润，条索紧结；茶汤呈深橙或金黄色。能强胃，利尿，抗衰老，还有暖腹生热的作用。 |

▶附录六

# 赠花用常见花材

玫瑰

百合花

康乃馨

扶郎花

学生文明礼仪常识

XUESHENG WENMING LIYI CHANGSHI

金鱼草

菊花

仙客来

仙人球

富贵竹

虎皮兰

情人草

花卉兰

佛手

红掌

蝴蝶兰

君子兰

## 参考文献

［1］秦启文．现代公关礼仪［M］．重庆：西南师范大学出版社，1994.

［2］孙正红．社交礼仪艺术［M］．北京：中国书籍出版社，2000.

［3］曹文彬．现代礼仪［M］．北京：中国商业出版社，2001.

［4］赵关印．中华现代礼仪［M］．北京：气象出版社，2002.

［5］黄庆杰，吴琼．成功者礼仪全书［M］．北京：中国华侨出版社，2002.

［6］李莉．实用礼仪教程［M］．北京：北京人民大学出版社，2002.

［7］左慧．新编现代礼仪现用现查［M］．呼和浩特：内蒙古人民出版社，2002.

［8］何浩然．中外礼仪［M］．大连：东北财经大学出版社，2002.

［9］任之．教你学礼仪［M］．北京：当代世界出版社，2003.

［10］赵强．民俗礼仪大全［M］．南宁：广西民族出版社，2003.

［11］张桂蓉．现代礼仪［M］．长沙：中南大学出版社，2004.

［12］金正昆．社交礼仪［M］．北京：北京大学音像出版社，2004.

［13］金正昆．商务礼仪教程［M］．北京：中国人民大学出版社，2005.

［14］黄保军．中外礼仪大全［M］．北京：民族出版社，2005.

［15］韦克俭．现代礼仪教程［M］．北京：清华大学出版社，2005.

［16］王欢．礼仪规范教程［M］．北京：知识出版社，2006.

［17］胡宁，刘湘文，刘安拉．中职生礼仪规范教程［M］．北京：科学出版社，2007.

［18］李筱琳．现代礼仪规范教程［M］．北京：中国广播电视出版社，2008.

［19］贾云．现代公关礼仪［M］．成都：电子科技大学出版社，2010.

［20］胡宁，刘湘文，刘安拉．中职生礼仪规范教程［M］．北京：科学出版社，2011.

［21］李道魁．现代礼仪教程［M］．成都：西南财经大学出版社，2012.